世界を
変えた
発明家の
真実

増補新版

天才
ニコラ・テスラの
ことば

新戸雅章 —— 編著
Masaaki Shindo

小鳥遊書房

目次

まえがき

近年、とみに評価の高い発明家ニコラ・テスラは生前、論文や自伝、雑誌・新聞に発表したエッセイやインタビューに多くの言葉を残した。本書はそのなかから、彼の天才性や人間性をよくあらわす言葉を編著者が独自に選定して翻訳・紹介するものである。

かつて発明家ニコラ・テスラの名はマッドサイエンティストのモデルとして、一部のオカルトマニアや陰謀論者の間でのみ知られる存在だった。

テスラが発明したという超破壊兵器をねらってアメリカ、旧ソ連、ナチス・ドイツなどの諜報機関が暗躍したという都市伝説が虚実まじえて語られ、ミステリアスなイメージを増幅させていったのである。一九八〇年代、アメリカのロナルド・レーガン大統領がＳＤＩ（戦略防衛構想）を提唱した際、旧ソ連が粒子ビーム兵器を開発中という噂が流れた。ＳＤＩ推進派の軍や政府関係者は、これこそテスラの秘蔵論文が盗み出されて旧ソ連に渡った証拠だと主張した。

また一九九五年には、地下鉄サリン事件を起こしたオウム真理教の信者がベオグラードのテスラ博物館を訪れ、未公開論文の閲覧を求めるという事件があった。彼らの目的は、テスラの発明を地震兵器などの「ハルマゲドン（終末）兵器」として利用することにあったと見られている。

こうしたテスラの限定的評価が大きく変わったのは一九八〇年代以降のことだった。一九八一年、マーガレット・チェニーによる本格的伝記が刊行され、博物館による資料公刊も始まるとともに、彼の本領がなにより科学的業績にあったことが明らかになってきたのである。

一八五六年、オーストリア帝国（現・クロアチア共和国）に生まれたテスラは二〇代半ばに回転磁界の原理を発見、これに基づいて最初の実用的な交流モーターを完成させた。

現代の電化生活は、発電所から送電される交流電気によって成り立っている。電気には電池によって作られる直流と、発電機で作られる交流の二種類があり、直流は比較的小規模の電力利用に適し、交流は大電力の効率的な利用に適している。テスラの発明は、後者の交流電力システム成功の鍵を握るものだった。

一八八四年、渡米したテスラは、エジソンのもとで交流の実用化を目指した。だが、直流に固執するエジソンの理解をえられずに決別、その後は、起業家ジョージ・ウェスティングハウスと協力、電力システムの覇権を巡って直流派のエジソンと激しく対立した（「電流戦争」）。しかし、ナイアガラ瀑布発電所に交流システムが採用されたことで、最後は交流派の勝利に帰した。

交流電力の問題が一段落した一八九〇年代からは電磁波の研究に向かい、高周波高電圧を発生させる発電機、共振変圧器（テスラ・コイル）、電波を分離する同調回路技術、アンテナ―アース・システムなどを発明、それに基づいて無線の実用化に挑んだ。近距離の無線実験に成功した後、現代の遠隔無線操縦技術（ラジコン）につながる無線操縦ボートの公開実験をおこない、結果的に無線通信の実用性を証明した。

一八九九年、コロラド州コロラドスプリングスでの実験によって実用化の確信をますます深めたテスラは、情報と電気エネルギーを無線送信する「世界システム」の実現を目指した。

一九〇一年には、モルガン財閥の支援をえて、ニューヨーク郊外に大規模な実験施設の建設を開始。建設は順調に進んだが、一九〇二年冬、マルコーニの大西洋横断無線電信の成功を機にモルガンの支援を打ち切られ、建設中断を余儀なくされた。その後は無線送電の実現にかけたが、これも資金難から行き詰まり、その夢は完全に挫折したのだった。

しかし、彼の発明は無線の基盤技術となり、その夢は今日のラジオ、テレビ、ラジコン、携帯電話、スマートフォンなどに受け継がれている。

テスラはこの他にも、蛍光燈やネオンサインの先駆けとなった放電照明システムを始め、高周波療法、高性能X線装置、太陽熱発電システム、高性能タービン、垂直離着陸機など、数多くの発明を成し遂げた。

一九一五年には、エジソンとともにノーベル物理学賞候補になったと報道されたが、結局、両者とも受賞しなかった。この後、一九三七年にも単独で物理学賞の候補にのぼったが、やはり受賞には至らなかった。

晩年、資金難から研究が進まなくなると、新聞記者相手に空想的アイデアを語る機会が増えていった。無限エネルギー装置、殺人光線、粒子破壊兵器、人工地震装置……。彼をマッドサイエンティストに仕立てた伝説やオカルト話は、おおむねこの頃の発言が元になっている。

歳を重ねるごとにますます孤独感を深めた発明家は、ついにはハトを唯一の友とする完全な隠遁者になってしまった。一九四三年一月七日の夜、電気の時代をつくった偉大な発明家はニューヨークのホテルの一室でひっそりと死を迎えた。翌朝、掃除に来たメイドに発見されるという寂しい死だった。

晩年は、著しく評価を失墜させたテスラだが、死後、その業績は徐々に再評価されていった。一九五二年には旧ユーゴスラヴィアの首都ベオグラードにテスラ博物館が開設され、一九六〇年には磁束密度をあらわす国際単位系に「テスラ」が採用された。一九八〇年代には伝記の刊行、本格的伝記映画の製作、テスラ博物館による資料公刊などを通じて、しだいにその実像が明かされていった。

こうした動きと合わせて、彼が生前果たせなかった技術的アイデアも次々に実現していった。一九五〇年代には小型無線機がトランジスタラジオとして製品化され、一九九〇年代にはポケットにはいる双方向の無線機が携帯電話として、さらに画像や映像を加えたスマートフォンも登場した。

電力の無線伝送も、ＩＴ機器や電気自動車の無線給電（ワイヤレス給電）として実用段階に入っている。軌道上の人工衛星で発電し、電力を地上に送信する太陽光発電衛星も注目されている。

こうしてテスラ評価は怪しげなマッドサイエンティストから、交流システムと無線を切り拓いた天才発明家へと変貌していった。しかし業績が明らかになる半面、その人間性は長く神秘のベールに包まれてきた。そのベールをはぎ取って彼の実像に迫るためには、なにより自身の言葉で語らせるのが近道ではないかと考えたのが、この書を世に問う理由である。

人間テスラは発明家としての功名心と挫折、己の才能に対する自信と不安の間で揺れ動いた。生来の繊細さから、自律神経失調、強迫性障害、潔癖症などの精神的病にも苦しめられた。そこから自ずと孤独を愛する性格が形作られていった。

その反面、放電パフォーマンスなどに発揮された芝居っ気やユーモアで多くの人を惹き付けた。折にふれて発表された科学や社会に対する鋭い批評、東洋思想にも通じる人生哲学、感性の豊かさを示す詩作、祖国や自然や動物などに注いだ豊かな愛情。それらの全体が人間テスラを形成しているのである。

現在、ネットなどで流通しているテスラの名言のうちには、出典不明のものも少なくない。私見では、その多くはオカルトや神秘主義の愛好家が、自身の思想に沿って創作したものである。本書では読者に誤解を与えやすいそれらソース不明の言葉は、あえて排除したことをお断りしておきたい。

本書が、未だ知られざる人間テスラの魅力を理解する一助になればさいわいである。

新戸雅章

私の計画を遅らせているのは自然の法則だ。世界はまだその受け入れ体制ができていない。あまりに時代をとび超えているからだ。だが、最後には同じ法則がうまく働き、勝利の凱歌をあげることだろう。（一九一九年）

Nikola Tesla, *My Inventions, Electrica Experimenter*, 1919.

38 歳のテスラ

第一章

発明と発想について

◎発明の目的

人類の進歩はひとえに発明にかかっている。発明は人間の創造的な頭脳が生み出す最も重要な生産物である。その究極の目的は、人類が自然の力を利用しつつ、頭脳によって物質世界を完全に制御することである。（一九一九年）

Nikola Tesla, *My Inventions*, *Electrical Experimenter*, 1919.

◎発明の喜び

脳の創造性が成功に向かって開かれていくときに発明家が味わう感動はなにものにも代えがたい。これ以上の感動を人間の心が経験できるとは思えない。……そうした感動は食事も、睡眠も、友人も、愛も、なにもかも忘れさせてくれる。（一八九六年）

Cleaveland Moffitt, *A Talk With Tesla*, *Atlanta Constitution*, 7 Jun 1896.

◎私は怠け者？

私は最も勤勉な研究者のひとりだと信じられてきた。思考が労働と等価だとすれば、おそらくそのとおりだろう。というのも、目覚めている時間の大半を研究に捧げてきたからだ。しかし研究が厳格な規則下での規定時間内を意味するなら、私は一番の怠け者だったかもしれない。

強制された努力は、生命エネルギーを削いでいく。私はそのような代償を払ってはこなかった。それどころかむしろ思考は私の生きがいになっている。（一九一九年）

Nikola Tesla, *My Inventions, Electrical Experimenter*, 1919.

◎イメージのはたらき

私は実際の作業を性急に進めることはない。アイデアをえるや、ただちに想像のなかで組立て作業を開始する。脳内で装置の構造を変化させ、改良し、動かす。思考のなかでタービンを動かそうと、工場で試験しようと、まったく変わりがない。回転に不均衡があるかどうかさえわかった。（一九一九年）

Nikola Tesla, *My Inventions, Electrical Experimenter*, 1919.

◎つくる前につくってしまえ

多くの発明家の問題は忍耐の欠如にある。彼らは、それが実際に「うまく働いていると感じ」られるまで、じっくりと、明確な答えを出そうという意欲に欠けているのだ。最初のアイデアをすぐに試そうとする結果、良質の材料と資金を潤沢に使い、やがて研究方向が間違っていたと気づくのである。間違いはだれにでもあるのだから、着手する前につくってしまう方がよい。

（一八九五年）

Tesla, *Man and Inventor, New York Times*, March 31st, 1895

【解説】

ニコラ・テスラの発明は多岐にわたります。交流誘導モーター、無線の基盤技術となる高周波発電機、高周波変圧器、同調回路、ラジオコントロール、無線電力伝送（ワイヤレス給電）、高周波治療、ブレードレスタービン、垂直離着陸機……。それらは二〇世紀技術の基盤技術となり、私たちの日々の生活を豊かにしてきました。

そんなテスラの多産な発明を支えたのは、イメージの重視でした。頭のなかにリアルな立体画像を浮かべ、その画像を自由自在に操りながら、アイデアや発見を具体化していったのです。このような方法を可能にしたのは、記憶術に優れた父による幼少期の特訓もありましたが、大半はもって生まれた資質だったと考えられています。

テスラは物心がつくとすぐに、リアルなイメージの氾濫に悩まされるようになりました。そのイメージは本物と変わらない量感と質感をもって眼前に迫り、いくら消そうとしても消せませんでした。彼はこの迷惑な能力と闘い、一二歳になる頃にはなんとか克服できましたが、そのときの喜びはなにものにも代えがたかったと回想しています。

その後は意識的に能力の成長に努め、おかげで青年期には写真的な記憶力を獲得しました。必要な計算や図式はいつでも思い浮かべられたので、発明に際してもノートやメモの類はほとんど不要になりました。

すべてを脳内のシミュレーションや思考実験で解決するこの発明方法が、神がかりともいえる彼の多産性を保証することになったのです。

◎アイデアは登山に似ている

アイデアは、目が眩むような高さの山に登るのに似ている。最初は不快感にとらわれ、自分の力が信じられず、何としても下りたいと思う。しかし、浮世の煩わしさから解放され、その高みに気持ちが奮い立つうちに、いつしか冷静さを取り戻していく。あなたの歩みは確固としたものとなり、いっそう目が眩む高さを求め始めるのである。（一八九七年）

◎発明家の資質

発明家が基本的にめざすのは生命の保護である。力を利用するのも、装置を改良するのも、新しい楽しみや便利さを提供するのも、人類の安全な生存のためにほかならない。発明家は一般的な人より危難から身を守るための資質に恵まれているが、これは観察力が鋭く、機知に富んでいるからである。（一九一九年）

Nikola Tesla, *My Inventions*, *Electrical Experimenter*, 1919.

◎孤独の勧め

発明の才に恵まれた若者が巨富に恵まれないのは幸いである。おかげで、考えることがいかに難しいかに気づくだろう。私の頭脳は隠遁と果てない孤独のなかでますます鋭利に、鋭敏になった。考えるためには巨大な研究所などいらない。独創は、創造的頭脳を損なう外部の影響がない隠遁において達成される。

孤独になりなさい。それが発明の秘密なのだ。孤独になりなさい。アイデアが誕生するのはそ

Nikola Tesla, *On Electicity*, *Electrical Review*, January 27, 1897.

のときなのだ。（一九三四年）

Nikola Tesla, *Tesla Sees Evidence Radio And Light Are Sound*, New York Times. April 8, 1934.

【解説】

創造における孤独の必要性を説くテスラは、このことば通り、最期まで「個人の発明家」であることを貫きました。研究所といっても、所員は数名の助手と職人だけ。会社も秘書と非常勤の経理担当がいるだけの小さな町工場兼個人事務所のようなものでした。

その生き方は古典的で、もっといえば当時でもいささか時代遅れなものでした。

たとえばライバルのエジソンは、ニュージャージー州ウェストオレンジの研究所に多数の学者、機械工などを集め、彼らをグループ分けしながら、組織的・集団的に研究を進めていきました。施設の中も実験棟や工場が機能的に配置され、情報収集のための大規模な図書室まで整備されていました。これによって彼の研究所は現在の企業内研究所やグループ研究の先駆けとなったのです。

しかし、テスラはそのような集団型の研究スタイルを好みませんでした。彼がなにより重視したのは、自身のアイデアや発想でした。誰も思い浮かばないような奔放なアイデアをつかみとり、その可能性をどこまでも追究すること。これこそが彼の発明スタイルであり、そのためになにより大事なのは、誰にも邪魔されることのない孤独だとわかっていたのです。

◎発明家と結婚

発明家は結婚すべきではない。野性的で情熱的な激しい性格の持ち主なので、愛する女性に夢中になると身も心も捧げ、せっかく選んだ分野をなにもかもぶち壊してしまうからだ。結婚した男が偉大な発明をしたためしはない。（一八九六年）

From New York Herald interview, undated anonymous article, 1896.

【解説】

テスラの結婚観は彼が絶頂期にあった四〇歳のときに、『ニューヨーク・ヘラルド』紙のインタビューに答えたものです。

交流システムと無線の研究で科学界を震撼させた天才は、この頃、若さ、容姿、才能、財産、名声のすべてを備えた社交界の花形として、女性たちの胸をときめかせていました。

親友ロバート・アンダーウッド・ジョンソンの妻キャサリンなど、彼を女性に引き会わせようとした世話焼きはたくさんいました。いや、テスラに宛てたメッセージなどを見ると、キャサリン自身が、かなりお熱を上げていたようです。

J・P・モルガンの三女アン・モルガンのように積極攻勢をかける女性もいましたが、彼がそうした誘いに応えることはありませんでした。そんななか、唯一の例外といえるのが、美貌のピアニスト、マルガリーテ・メリントンです。

イギリス生まれのメリントンは、ピアニストで、ミュージカルの作曲、脚本なども手掛ける才媛で、長身でスレンダーな美人と、すべてがテスラ好みの女性でした。珍しく自分から食事に誘うなど、彼がこの才媛に好意を抱いていたのは明らかです。その後も断続的な交友は続きましたが、それ以上の深い関係には発展しなかったと見られています。

テスラが女性との関係を遠ざけた理由については、これまで同性愛説、不能説、マザコン説、精神障害説など、さまざまな憶測が重ねられてきました。しかしどれにも確証はありません。ここはやはりテスラのことばを素直に取って、発明に没頭する余り、結婚を考える余裕もなかったと見るべきではないでしょうか。

右記に続けてテスラは、「残念だけど、ときには寂しく感じることもある」と、正直に心情を吐露しています。多方面にわたって才能を発揮したテスラですが、生き方は不器用だったのですね。

ついでにいえば、この発言は二度結婚したエジソンへの皮肉だという見方もありますが、それはいくらなんでも勘ぐりすぎでしょう。

◎マチャクと初めての電気

それはかつてないほど寒く乾燥したある日のことだった。雪の中を人が歩くと、足跡が光って見えたり、雪玉に物を投げつけると、肉切り包丁で角砂糖を砕いたときのようにパッとほとばしり出た。……

夕闇のなかで猫の背を撫でていた私は、驚きの余りことばも出ない神秘を目撃した。猫の背後には火花の円板、自分の手からは火花のシャワー。しかも家中に聞こえるほどの大音響が発せられていたのである。父は非常に学識豊かで、あらゆる質問に対して答えを持ち合わせていたが、この現象は彼にも初めての体験だった。「なるほど」と最後に父は発した。「これは電気に違いない。嵐のときに木々に見られるものと同じだ」……。

この奇跡的な夜の幼い想像力に対する影響はいくら強調してもしすぎることはない。来る日も来る日も私は「電気とは何か」と自問したが、何の答えも見つからなかった。あれから八〇年がたち、私は今も答えのない同じ問いを問い続けている。（一九三九年）

Nikola Tesla, *Letter to Miss Pola Fotitch*, A Story of Youth Told by Age, 1939.

【解説】

幼い頃、テスラ家には一匹の飼い猫がいました。「マチャク」という名の黒い猫でした。テスラはこの猫をとても可愛がり、猫の方もテスラになついて、どこにでもついてきました。そんなふたりのお気に入りの遊びは、いっしょに草の上をごろごろ転げまわることだったといいます。

テスラはこのマチャクから、後年の発明につながる大きなインスピレーションを与えられました。マチャクの背に浮かんだ光の輪が、電気の働きによるものだと父におしえられたあと、幼いテスラはこういう疑問を抱きました。自然というのは大きな猫なの？　だったら、猫の背中を撫でているのは誰？　そして幼いながらに懸命に考えて、こう結論づけたのでした。

その背中を撫でられるのは神様だけだ……。

こうして電気に対する興味を決定づけられたテスラは生涯をかけてその神秘を追究したのでした。

◎稲妻と雨

ある日、私は迫りくる嵐を避ける避難所を探しながら、山中をさ迷っていた。空には厚い雲が重くのしかかっていたが、雨はまだ降っていなかった。突然、稲妻が走ったかと思うと、しばらくして豪雨が襲ってきた。

この観察を機に思考を進めた私は、ただちに次のような結論に至った。二つの現象の間に因果関係のような密接な関係があるのは明らかで、降水に含まれる電気エネルギーはわずかでも、稲

妻が敏感な引金の役目を果たすのだと。ここには途方もない偉業の可能性があった。（一九一九年）

Nikola Tesla, *My Inventions, Electrical Experimenter*, 1919.

◎巨大な雪玉

とある冬の日、私は何人かの遊び仲間と険しい山道を懸命に登っていた。雪は深かったが、暖かい南風に誘われ、私たちは雪玉投げをして遊び始めた。玉は雪を集めながら転がり落ちていったので、互いにその距離をめぐってしのぎを削った。

突然、ひとつの雪玉が限界を超えたように大きくなり、家ほどに巨大化し、轟音とともに山を揺らしながら谷底へ落ちていった。私はなにが起こったのか理解できず、ただ呆然と眺めているばかりだった。

その数週間後、なだれの光景が目の前に浮かび、あんなに小さな物体がなぜあれほど巨大に成長できたのかと不思議に思った。

このとき以来、弱い作用の増幅現象に興味を持つようになり、数年後、機械的、電気的共振の実験的研究に着手すると、最初から激しく引き込まれたものだった。こうした若い頃の強烈な印象がなければ、コイルからえた小さな火花を追究することも、私の最高の発明を生み出すことも

なかっただろう。（一九一九年）

Nikola Tesla, *My Inventions, Electrical Experimenter*, 1919.

◎目的は自然の探究

自然以上に魅力的で、研究に値するテーマは存在しない。この偉大な仕組みを理解し、それに働き、支配する力を発見することは、知性ある人間の最も崇高な目的である。（一八九一年）

Nikola Tesla, *Delivered before the Association of Electrical Engineers at Columbia College*, May 20, 1891.

【解説】

テスラの発想の基本に共振現象があったことは、多くのテスラ研究者が指摘しています。「共振」とは、物理的には、外部からの力で振動させられた物体の振動数が、物体の固有振動数（物体ごとに決まっている一秒間の振動回数）と一致して大きな振動が起こる現象をいいます。音叉をたたくと、音が重なりあって大きな音になることはよく知られていますが、これは音波による共振現象で、「共鳴」とよばれています。同様の現象は、振り子、電波、電気回路などにも起こることが知られています。

この共振現象から発想をえたテスラの発明には、無線の同調回路（※）、テスラコイル（共振変圧器）、機械振動子（人工地震装置）などがあります。同調回路は、無線やラジオで、特定の電波を選択するために使われる仕組みで、電波の周波数と回路の周波数が一致、共振して電流が大きくなる現象を利用しています。テスラコイルが高周波・高電圧を発生させる原理も、一次コイルと二次コイルの共振です。

この種の共振現象は地震でも見られます。地震の震源地付近よりも遠方の地域で大きな震度を記録する例はよく知られていますが、この原因はたいてい遠方の地盤の共振にあります。後段で言及している人工地震装置もこれを応用した発明のアイデアといえます。

稲妻が豪雨をもたらし、小さな雪玉が巨大な雪崩を引き起こした。そこからテスラは鋭い知性で自然の本質を見抜きました。きっかけとなる力さえ発見すれば、たとえ最初の力は小さくとも、それを引き金に膨大な自然のエネルギーを引き出せるにちがいない、と。

彼は生涯を通じてその引き金を探し続けました。

愛猫マチャクの静電気現象に始まり、雪玉の回転、雷鳴現象などの自然現象の注意深い観察から、徹底した思索によって自然の摂理に到達する。こうしたテスラの方法論は、現代の科学者よりもひと昔前の自然哲学者に近いのかもしれません。

※電波を選択的に受信する同調技術は、サー・オリバー・ロッジ、グリエルモ・マルコーニも同時期に研究しており、のちに、マルコーニとロッジ、マルコーニとテスラとの間で、特許の優先権をめぐる裁判が引き起こされることになります。

第二章

交流について

◎グラムの機械

パリから「グラムの機械」が送られてきたのは、二学年目のことだった。それは馬蹄形の積層磁石と、整流子を含む巻線型の電機子を備え、結合されるとさまざまな電流効果を見せた。ポーシェル教授がこの機械をモーターとして使用しながら実演していると、トラブルに見舞われたブラシが大きな火花を発した。それを見て、整流子やブラシを使わずにモーターを駆動できることに気づいたのである。（一九一九年）

Nikola Tesla, *My Inventions, Electrical Experimenter*, 1919.

【解説】

テスラが交流モーターの可能性にはじめて気づいたのは、グラーツ工科大学の二学年目、パリからとどいた「グラムの機械」の実演を見たときのことでした。

この機械は発電機とモーターの両様の機能を備えた最新の電気機械で、発明者はベルギーの技師Z・T・グラムでした。グラムははじめこれを高性能の発電機のつもりで製作しました。ところが一八七〇年、ウィーンの万国博覧会に出品した際に、たまたま配線を間違えてほかの発電機からの電流が流れ込みました。すると、この発電機が回転し始めたのです。これにより発電機がモーターとしても使えることがはじめてわかりました。

最新機械の実演に夢中になったテスラでしたが、ひとつだけ気になる点がありました。それは、整流子と呼ばれる装置で発生する大きな火花でした。

テスラがそれを指摘すると、指導教授は火花の原因が整流子にあることは認めましたが、発電機から直流を取り出すためにはそれが不可欠なのだと説明しました。当時のモーターは直流で駆動されていたので、この点では教授の指摘は正当なものでした。しかしテスラはまだ納得できませんでした。問題は直流による駆動にあるのではないか。直流ではなく交流で駆動すれば、整流子は不要になるのではないか。テスラがなおも追究すると、教授はそれは永久運動の図式で不可能なアイデアだと反論しました。

テスラは依然として不満でしたが、交流モーターの具体的なイメージもなかったので、その場は沈黙するほかありませんでした。

◎発明と直観

本能は知識を超越したものである。われわれは疑いなく真理をつかむ素晴らしい神経組織を脳内にもっている。その前には演繹的推論も意図的な思考も無力に等しい。（一九一九年）

Nikola Tesla, *My Inventions*, *Electrical Experimenter*, 1919.

【解説】

テスラの交流のアイデアの価値を知るためには、電気の歴史を少したどる必要があります。

人類が最初につくりだした電源は一八〇〇年、イタリアのアレッサンドロ・ボルタが発明した蓄電池でした。蓄電池の電気は、電線の中を同じ方向に一定の大きさで流れ続けます。電池でつくられる電気はこのような性質を持ち、直流と呼ばれます。

直流はメカニズムが単純で扱いやすいのですが、大電力をえにくいのが短所でした。その突破口を開いたのは、「電気学の父」マイケル・ファラデーでした。

ファラデーは一八三一年、コイルの中に磁石を出し入れすると、コイルに電流が流れるといういわゆる「電磁誘導の法則」を発見しました。電流の大きさは磁石の出し入れする速度、すなわち磁力線をコイルが横切る速さに比例します。彼はこの原理に基づいて簡単な発電機を製作しました。

発電機でつくられた電流は、蓄電器の電気とは異なり、電線の中で電流の方向と大きさが周期的に変わります。このような電流を交流といいます。身近な交流には、発電所から各家庭に送られてくる電気があります。

交流は直流に比べると大電力の発生に適していますが、理論が複雑で扱いにくいのが欠点でした。そのため「グラムの機械」は、発生した交流をわざわざ直流に直してモーターを駆動していました。この変換のしくみが火花の原因になっていたのです。

だったら最初から交流のまま、交流モーターを動かせばよいではないか。グラムの機械の実演を見たテスラはそう直観したのでした。このアイデアは古くからありましたが、実現の難しさは多くの失敗が証明していました。しかしテスラはひるみませんでした。いくら難しくても必ず突破口はあるはずだ。若き工学者は理論や知識より、その本能と直観を信じたのです。

◎追究

まずは頭のなかに直流機械を描き、それを駆動し、電機子の電流変化を観察していった。それから交流機械を思い浮かべ、同じように電流変化の過程を調べた。次いでモーターと発電機を含むシステムを視覚化し、さまざまに動かしてみた。私が見ていたイメージは完全に現実的で明瞭だった。グラーツでの学期の残りはこれにすべての情熱を注いだが、努力は実らず、あやうく問題は解決不能だと結論を下しそうになった。（一九一九年）

Nikola Tesla, *My Inventions, Electrical Experimenter*, 1919.

【解説】

交流機械への挑戦を決意したテスラは、持ち前の視覚化能力で脳内に交流機械を組み立て、それを動かしながら、スムーズな回転がえられる機構を追究していきました。しかし、頭のなかの機械はどうしても回転してくれず、落胆の余り一時は挑戦を放棄しかけたほどでした。

失意のテスラに追い討ちをかけたのが、入学以来受給していた奨学金制度の廃止でした。学費の支払いに窮した苦学生は退学を余儀なくされました。その後はいったん帰郷しましたが、自暴自棄になって、カードゲームやビリヤードに溺れる日々が続きました。しかし両親の励ましで間もなく立ち直り、父の希望でチェコの名門プラハ大学の夏季聴講生になり、数学と物理学を学びました。

その後、ハンガリーの首都ブダペストに行き、電話局の技師になろうとしました。

◎ブダペストへ

ブダペストへ行ったのは、電話事業に関する話を早合点したためだったが、運命のいたずらでハンガリー国営電信局の製図工として勤務することになった。給料は恥ずかしくて、とても言えるものではなかった。幸いにしてほどなく検査主任に認められ、その後、電話局開業まで新しい電話設備の設計と計算、評価の仕事を与えられた。開業後も担当は変わらなかった。

この仕事から学んだ知識と現場体験は極めて貴重で、発明能力を磨く絶好の機会となった。私は電話局の装置にいくつかの改良を施し、電話中継器や増幅器を完成させたが、いずれも特許を取得せず、公開もしなかった。しかし今日でも称賛に値する業績といえるだろう。（一九一九年）

Nikola Tesla, *My Inventions, Electrical Experimenter*, 1919.

【解説】

一八八〇年代初め、ヨーロッパは、新大陸で発明された電話が敷設されるというニュースに沸き立っていました。事業主はエジソン社のヨーロッパにおける子会社。その候補地の一つに隣国ハンガリーの首都ブダペストが挙げられていたのです。

ニュースを知ったテスラは、是が非でも最新の電話施設で働きたいと望みました。幸運なことに、事業を管轄しているティヴァダル・プシュカーシュはテスラ家の友人。好機到来とはやったテスラは、現地の状況も確認せず列車に飛び乗っていました。

ブダペストに到着したテスラは早速電話局に出かけていきましたが、残念ながら彼のためのポストは用意されていませんでした。計画はまだ検討段階だったのです。

テスラは失望しましたが、生活のためとりあえず中央電信局の製図工の仕事につきました。給料は驚くほど安いものでしたが、当面の飢えはしのげました。熱心な仕事ぶりを認められたテスラは、その後、新設された電話局の技師の職をえることができました。

この頃、テスラは日に五時間しか休みをとらず、睡眠時間は二時間のみ。残りはすべて仕事にあてるという仕事人間ぶり。その代償として、まもなく重度の精神的病に侵され、仕事を中断するはめに陥ってしまいました。

「交流の真理」を求めてグラーツ、プラハ、ブダペストと東欧諸国をめぐる青年の苦悩の旅は、まるで「賢者の石」を求めて遍歴する錬金術師のようです。あるいは、交流の真理を求める修行僧と呼んでもよいかもしれません。
その苦難の旅路の果てに、彼はついに栄光の時を迎えるのです。

◎啓示

この心を鼓舞する一節をそらんじるにつれて、アイデアが稲妻の閃光のように訪れ、たちまち真理が明かされた。

私は落ちていた棒で地面にひとつの設計図を描いたが、それは六年後にアメリカ電気工学者協会の講演で明らかにしたものと寸分違わず、連れの友人が見ても一目瞭然だった。イメージは驚くほど鮮明で、金属や石のように堅固だったので、友人に向かってこう告げた。

「これがぼくのモーターだよ。ほら、逆転するんだ！」（一九一九年）

Nikola Tesla, *My Inventions, Electrical Experimenter*, 1919.

ことばにならない感動だった。自分の塑像に生命を吹き込まれるのを見たピグマリオン（※）でさえあれほど深く心を動かされることはなかっただろう。あらゆる困難に抗し、全存在を賭けて自然からもぎとったこの秘密のためなら、偶然に発見した何千という自然の秘密を差し出していたに違いない。（一九一九年）

Nikola Tesla, *My Inventions, Electrical Experimenter*, 1919.

【解説】

交流の修行僧に大きな啓示が訪れたのは、一八八二年二月のある日のことでした。数ヵ月前から悩まされてきた重度の神経過敏症も、この頃には、親友アンタル・シゲティの支援をえてようやく快方に向かいつつありました。

その日午後遅く、テスラはシゲティに誘われて市立公園に散歩に出かけました。

公園に着くと、いつものように好きな詩を暗唱しながら、園内の散策を楽しみました。やがて陽が西に傾き、森の上に輝く光が乱舞し始めます。沈み行く太陽の光に、彼は大好きなゲーテの『ファウスト』の一節を思い出していました。

燃える空を見上げながら、詩を暗誦していたテスラの足が不意にとまりました。彼は地面に落ちていた小枝をあわてて拾い上げると、泥の小道の上にひとつの図を描いて友に示しました。

「これがぼくのモーターだよ。ほら、逆転するんだ」

テスラは興奮した子どものように叫びました。

こうして彼の交流（誘導）モーターは完成したのです。

テスラが啓示のようにしてえた交流モーターの発想は、二組のコイルを直角に交わらせ、そこに位相を九〇度ずらした二組の交流を流して、回転する磁場をつくるものでした。その中に鉄製のローター

（回転子）を置けば、磁場に引きずられてローターも回転するというわけです。

グラーツ工科大学で交流モーターの着想をえてからはや五年半。ときには自暴自棄になって遊びや賭け事に溺れたこともありましたが、己の直観を信じて積み重ねてきた奮闘努力がついに報われる日が来たのです。

二人は暗くなるまで公園に残って、交流の開く無限の可能性について論じあったといいます。

※ピグマリオン＝ギリシャ神話に登場する王の名前。自分が象牙に刻んだ女性の像に恋をし、この彫刻に生命を与えて妻にしたいと願っていた。この願いを女神アフロディーテが聞き入れて、彫刻に生命を与え人間にしたという。「人形愛」を意味する「ピグマリオン・コンプレックス」ということばはここから生まれた。

◎交流モーターの製作

しばらくの間は、嬉々として機械を想像し、新しい形態を考案していった。これまでの生涯で、あれほどの至福の境地に達したことはなかった。アイデアは奔流のように切れ間なく押し寄せ、唯一てこずったのはそれをしっかりつかみとることだけだった。

装置のイメージは、微細な磨滅の跡に至るまで、すべての細部がリアルで明確だった。頭のな

かで回転し続ける魅惑的なモーターの姿に私の心は躍った。（一九一九年）

Nikola Tesla, *My Inventions, Electrical Experimenter*, 1919.

【解説】

ついに懸案を解決したテスラは寝食を忘れてアイデアの開拓に没頭しました。短期間のうちに必要な装置の設計を完了し、最初の二相交流のアイデアを三相以上（多相）のシステムに展開させていきました。あわせてシステムの構築に必要な発明にも取り組みました。

それから間もなく、勤務先の責任者の勧めで、パリのコンチネンタル・エジソン社への入社が決まりました。

テスラはこの会社で真面目に働きながら、交流モーター実用化の機会を待ちました。でも当時、エジソン社は直流電力システムの建設に着手したばかり。その会社が彼の交流を取り上げる望みなどなかったのです。

それでもほどなく、ひとつのチャンスがめぐってきました。

アルザス地方の駅の設備工事に派遣されたテスラは、仕事の合間を見て、交流モーターの製作に取りかかりました。設計図はすでに頭のなかにありましたが、それを実際の機械に落とし込むのは容易ではありません。数ヵ月に及ぶ神経をすり減らす作業が続き、ようやく新しいモーターはイメージ通りに完成しました。

期待に胸膨らませながらスイッチを入れるとたちまち電機子が回転、そのまま音もなく動き続けました。逆転スイッチを入れるとすぐに停止し、ただちに反対方向になめらかに回転し始めました。

こうしてテスラの理論は完全に証明されたのです。彼は工科大学の指導教授の意見に、今こそ打ち勝ったのです。

◎新大陸へ

エジソンとの出会いは生涯忘れられない経験だった。この素晴らしい人間が初等教育も科学的訓練もなしにこれほど多くの業績を達成したことにまず驚嘆した。私は数多くの言語を習得し文学や芸術を探究し、人生最良の日々を図書館に入り浸ってはニュートンの『プリンキピア』からパウル・ド・コック（※）の小説まで手当たり次第に読んですごしてきた。そのため人生の大半を浪費してきたのではないかと感じたものだった。（一九一九年）

Nikola Tesla, *My Inventions, Electrical Experimenter*, 1919.

【解説】

一八八四年夏、パリから渡って来たテスラはわずかな手荷物を手にマンハッタンの移民局をあとにしました。文字通りの無一文でしたが、それでも、希望に満ちた第一歩を新大陸に記したのでした。

友人の家に一晩やっかいになり、翌日、南五番街（現・西ブロードウェイ）にあるエジソン社のニューヨーク本社を訪ねました。

この頃、エジソン社のボスであるトマス・エジソンは生涯の絶頂期にありました。二一歳で最初の発明をすると、一八七七年には蓄音機と炭素送話器、その二年後には白熱電球と、世界を変える発明を次々と送りだしていました。八二年には、ロンドンに直流方式による火力発電所を建設し、電力事業にも乗り出していました。そんな九歳年長の発明王は発明家を志すテスラにとってアイドルであり、あこがれの的でした。

テスラはパリのエジソン社に勤務していた頃、渡欧したエジソンと初めて会い、夕食をご馳走されたことがありました。それ以来の再会でした。

先に帰米していた上司がテスラの技術者としての能力を伝えてくれていたおかげで、願いは叶い、無事スタッフの一員に加えられました。

テスラとエジソン、発明史に輝く両雄はこうして出会いましたが、互いの印象はかなり異なっていました。テスラは、学歴のないエジソンが、数々の偉業を成し遂げたことに深い尊敬の念を抱きました。そして自分の努力は間違っていたのかと自問すらしました。一方のエジソンは、新入りを部下の一人としか認識しませんでした。その関心はもっぱら助手としての能力にしかなかったのです。

野心に燃えた若きテスラは尊敬する発明王に認められようと、仕事に熱中しました。その間に直流発電機を効率化する方法を発見、改良案を提示しました。エジソンはその価値を認めて、五万ドルの報酬を約束しました。

テスラはほとんど不眠不休で働き、数ヵ月後、完成報告をし、約束の報酬を要求しました。すると、エジソンはあんなものは冗談だと言って取り合いません。彼は怒りと失望の余り、ただちに退社してしまいました。

※パウル・ド・コック　Charles Paul De Kock 1793-1871。フランスの小説家。

◎苦闘の日々

どん底の日々もあった。けれども私は労働をものともせず、側溝工事の現場に行って、仕事がほしいと頼んだ。私の上等の服と白い手を見た監督は、作業員らと顔を見合わせて苦笑したが……、それから「よしわかった。手につばをしろ。側溝にはいるぞ」と言った。私は誰よりもよく働き、一日の終わりに二ドルを受け取った。

（一九三七年）

Tesla Has Plan to Signal Mars, New York Sun, July 12, 1937.

【解説】

エジソンのもとで働いている間に、業界で多少名が通り始めていたテスラに、投資家から事業の誘いがありました。アーク灯製作会社を設立して、そのトップに彼を招こうというのです。アーク灯は電球以前によく使われていた照明装置です。それ自体には興味がなかったテスラですが、交流システムを広めるチャンスとばかり話に乗りました。

しかし、いざ事業が開始されると、発起人たちは交流になんの関心も示さなかったうえに、事業成功後もテスラの収入はほとんど増えませんでした。そのうえ深刻な不況でまもなく会社は倒産してしまいました。彼の手元に残ったのは、わずかな現金と紙切れ同然の株券だけでした。

そして、テスラの人生で最も不快な季節が始まりました。収入の道を閉ざされたため、道路工事の日雇い労働者として働かざるをえなくなったのです。

「私は物質的窮乏に傷口を広げられながら、すさまじい心痛と苦い涙で一年間を暮らした」と、のちにテスラは回想しています。

一八八七年初頭、失意の発明家は相変わらず、辛く単調な肉体労働に従事していました。しかし、「人間万事塞翁が馬」、神は才能豊かな発明家を見捨てませんでした。テスラと同じく不況で本来の仕事を失っていた現場監督が、交流システムの発明を知って、ひとりの支援者を紹介してくれたのです。

こうして一八八七年四月、テスラは南五番街三三―三五（現・西ブロードウェイ）に待望の研究所を開設しました。エジソン社を飛び出してから二年目の春でした。新しい拠点で心おきなく交流の開発に取り組んだテスラは、システムに必要な発電機、モーター、変圧器、自動制御装置などの設計を一挙に完成させました、これらを二件に分割して特許申請しました。その独創性、革新性は専門家の目には明らかで、申請から六ヵ月以内という異例の早さで、すべての特許が発効したのでした。

◎交流システムの講演

ここで、皆さまの注意を喚起する栄に浴するのは、モーターにとってとりわけ好都合な交流を用いた革新的な送配電システムです。私はすぐにも送電における交流の適応力の素晴らしさを明らかにし、その使用により、システムの実用化が切望されながら従来は不可能だった多くの成果を収める自信があります。それは直流では達成しえないものなのです。（一八八八年）

Nikola Tesla, *A New System of Alternating Current Motors and Transformers*, Delivered before the American Institute of Electrical Engineers, May 1888.

周知のとおり直流電機は、発生した交流を整流子という複雑な装置で直流に変換しますが、稼働トラブルの大半は間違いなくそこに原因があります。現在、モーターでは交流は使用されず、この手の信頼性の低い装置で、元の交流へと変換しなければなりません。整流子の機能は完全に外部的なもので、機械内部の働きには少しも影響を及ぼしません。それゆえ実際にはすべての発電機は交流発電機なのです。この単純な事実から、電気エネルギーの直接的応用には交流が推奨され、直流の使用は主に直流を発生する発電機と、それにより作動するモーターがある場合にの

み正当化されるのです。（一八八八年）

Nikola Tesla, *A New System of Alternating Current Motors and Transformers,* Delivered before the American Institute of Electrical Engineers, May 1888.

こうした研究が将来どのような成果を生むかはいずれわかることでしょう。それが何であれ、この原理が何を導こうと、後世、ささやかでも科学の進歩に貢献したと認められるなら、私は充分に報いられるでしょう。（一八八八年）

Nikola Tesla, *A New System of Alternating Current Motors and Transformers,* Delivered before the American Institute of Electrical Engineers, May 1888.

【解説】

テスラの交流特許が出願されると、その重要性を理解したアメリカ電気工学者協会（現・ＥＥＥ）から講演の依頼がありました。

一八八八年五月一六日におこなわれた講演には、画期的な発見への期待から多くの専門家が詰めかけました。講演を聴いた聴衆は、あれほど研究者を悩ませてきた交流システムの問題がいまや完全に解決されたことを明確に理解し、深い感動に包まれたのでした。

こうしてヨーロッパから渡って来た若き発明家の名声は決定的になりました。だが、それは長く熾烈な「電流戦争」のプロローグにすぎませんでした。

この頃、直流システムの牽引者エジソンは、白熱電灯用に開発した直流発電機を基に、直流送発電システムの建設にまい進していました。一八八二年には、最初の火力発電所をロンドンに建設、その後ニューヨークにも建設して、六基の大型発電機で六千から七千個の電灯を点灯しました。その後も精力的に建設を進め、テスラが研究所を開設した年には五七ヵ所の発電所で数十万個の電球を灯すまでになっていました。しかし、大規模な発電や遠距離送電を考えた場合、直流システムには根本的な弱点がありました。

電線で電気を送る場合、電線の抵抗によって供給エネルギーの一部は無駄な熱に転換されてしまいます。この抵抗による損失（抵抗損）の大きさは、電圧ではなく電流（の二乗）に比例します。つまり電圧が一定の場合、電流を百倍に増やせば、損失は一万倍になりますが、電流が一定であれば、いくら電圧を増やしても損失は変わらないのです。

電力は電圧と電流の積で求められます。ここから、大電力を少ない損失で送るには、送電電圧をできるだけ高くして相対的に電流を小さくすればよいことになります。しかし当時、直流システムには有効な変圧方法がありませんでした（直流を交流に変換する大電力のインバータが実用化されるのは二〇世紀後半以降です）。そのため、大電力で送電するには電流を大きくするしかなく、それに応じて損失も幾何級数的に大きくなってしまうのです。

この損失は末端の電圧降下を招くため、直流発電所の供給エリアはせいぜい直径三キロ程度にとどまりました。それ以上の遠距離になると、新たな発電所を建設せねばならず、これでは都市間や山奥の発電所からの送電など到底不可能でした。

エジソンもこのハンデに気づかなかったわけではありませんが、当時の発明王は白熱電球販売のため一刻も早い電力システムの整備を迫られていました。そこで、唯一の現実的な選択肢と思えた直流システムを採用するほかなかったのです。

◎交流同盟の成立

その第一印象は、晩年になっても忘れ難い。一八八八年にジョージ・ウェスティングハウスが私の前に現れたのが、最初の出会いだったと思う。彼のとてつもない潜在エネルギーは、動きにははっきり表れなかったが、その潜在力は隠しようもなかった。

力強く、均整の取れた体つき、どの関節も正常そのもので、目は水晶のように澄みわたり、足取りはさっそうと軽やか。まさしく、健康と強靭さを併せ持つ稀に見る人物だった。彼は森の中のライオンのように、工場の煙った空気を嬉々として深く吸い込んだ。（一九一四年）

Nikola Tesla, *Tribute of Former Associates to George Westinghouse, Electrical World*, March 21, 1914.

【解説】

テスラの特許を知っていち早く動いたのが、ウェスティングハウス電気会社の創立者で発明家のジョージ・ウェスティングハウスでした。世界中の列車に使われているエアブレーキ・システムの発明者でもあったウェスティングハウスは、早くから交流の商業化に取り組んでいましたが、初期の交流システムには大きな欠点がありました。効率の悪い単相交流を採用していたため、近距離のアーク灯や白熱電球しか点灯できなかったのです。また、原理上、モーターを始動させることができず、工場などへの送電には不向きでした。

こうした欠点克服の鍵をテスラのシステムに見いだしたウェスティングハウスは、全四〇件の特許をそっくり買い取りました。その契約は、現金一〇〇万ドルに加えて一馬力（七五〇ワット）当り二・五ドルという破格のものでした。

ここから交流派の「テスラ＝ウェスティングハウス連合」対直流派エジソンの全面戦争が勃発します。

両者の対決を一八八七年の時点で見れば、優位に立っているのは明らかにエジソンでした。彼の直流発電所は世界中で操業され、日々拡大されつつありました。一方、テスラの交流システムは、まだ彼の頭と特許書類のなかにあるだけ。それに二人の間には、名声、資金力、実績のどれをとっても雲泥の差がありました。

しかしエジソンが直流システムの改良に躍起になっている間に、交流技術は急速な進歩を遂げていました。発電機では、イギリスのセバスチャン・フェランティ、J・P・ゴードン、W・M・モーディなどが大出力の交流発電機の製作に取り組んでいました。

変圧器は一八八二年、フランスのルシアン・ゴーラールとイギリスのジョン・ディクソン・ギブスが交流電力用の変圧器製作に成功、ウェスティングハウス社のウィリアム・A・スタンレーがこれを実用化しました。また各種機器や絶縁技術も、数年の間に長足の進歩を遂げていました。そして、若き天才の登場が最後の突破口を開いたのです。

続く四年間を交流電力システムの発展に捧げたテスラは、合わせて五五件の特許を取得しました。外国での特許はおそらくこの数倍にのぼったでしょう。

◎小さな確執

私がシステムに採用していたのは低い周波数だったが、ウェスティングハウスの技術者たちは送電に有利だとして一三三サイクル（※）を採用していた。彼らは自社の標準から外れることを望まなかったので、こちらが苦労して条件に適合させなければならなかった。ほかにもその周波数で効率的に稼働する二線のモーターを製作しなければならず、この達成も容易ではなかった。

ピッツバーグでは自由ではなかった。私は人に従属しては働けないのだ。創造的な仕事に不可欠なのは、完全な自由である。そうした状況から解き放たれると、アイデアと発明がナイアガラの滝のように頭脳に押し寄せてきた。（一九一九年）

Nikola Tesla, *My Inventions*, *Electrical Experimenter*, 1919.

【解説】

ウェスティングハウスとの契約を成立させた後、テスラはピッツバーグにあるウェスティングハウス社の工場にコンサルタントとして招聘されました。彼はこれを快く受け、一年以内にすべての問題にけりをつけるつもりで赴きました。

工場ではすでに技術者たちが特許の実用化に取り組み始めていましたが、まだ越えなければならないハードルが残されていました。それは交流システムの駆動周波数の問題でした。

テスラは、材料費、効率、設計の容易さなどを熟慮したうえで、六〇ヘルツが最適だと考えていました。しかし当初から一三三ヘルツで実験してきた技術者たちは、テスラの主張をなかなか受け入れませんでした。そのほかにも細かい意見の対立があり、折衝に疲れたテスラはピッツバーグを去る決断を下します。あわてたウェスティングハウスは破格な年棒で引き留めを計りましたが、テスラの決意は変わりませんでした。

その後、完成したシステムには、彼の主張どおり六〇ヘルツが採用されました。

テスラはのちにピッツバーグで過ごした歳月を、自分の研究にとってはほとんど無意味だったと回想しています。

ちなみに日本の電力システムは現在、東日本が五〇ヘルツ、西日本が六〇ヘルツの周波数を採用しています。これは東日本の場合、日本の交流電力事業の先駆けとなった東京電燈会社が導入したドイツ製発電機が、五〇ヘルツを採用していたためです。一方西日本では、大阪電燈会社がゼネラル・エレクトリック社製の六〇ヘルツ発電機を採用したため、六〇ヘルツが普及することになりました。その後統一されないまま現在に至っているのです。

※周波数の単位：サイクル／秒＝ヘルツ

◎ナイアガラ瀑布発電所

過去の時代の記念物は数多あります。神殿、ピラミッド、ギリシャの寺院、キリスト教世界の大聖堂。そこには人間の力、国家の偉大さ、芸術への愛、信仰心が体現されています。しかしナイアガラには現代の思考や傾向に合致する独自なものがあります。それは科学の時代にふさわしい記念碑、平和と啓蒙を象徴する真の記念物なのです。

それが意味するのは、人間に服従する自然力、野蛮な方法との訣別、たくさんの人々の苦難と貧困からの解放なのです。

……ナイアガラの偉大な事業は大胆な技術と商業的功績というだけでなく、正確な科学と慈善につながる正しい方向への偉大な一歩なのです。その成功は世界中の水力利用の契機となるもので、産業の発展に

及ぼす影響は計り知れません。……（一八九七年）

Nikola Tesla, *Speech at the opening ceremony of the hydroelectric power station, Niagara Falls*, NY. January 12, 1897.

私の人生はなんと驚くべき偶然に導かれてきたことか。……本でよく読んだナイアガラ瀑布の話に魅せられた私は、滝の力を利用して巨大な水車を動かす夢を描き、渡米してこの計画を実行するとおじに宣言した。三〇年後、自分のアイデアをナイアガラで実行し、計り知れない心の神秘に驚嘆したものだった。（一九一九年）

Nikola Tesla, *My Inventions*, Electrical Experimenter, 1919.

【解説】

テスラ―ウェスティングハウス対エジソンの「電流戦争」が最終的に決着したのは、ナイアガラ瀑布発電所の建設によってでした。

ナイアガラ瀑布の強大な水力の利用は早くから多くの科学者や企業家の夢を掻き立ててきました。しかしながら、実現可能なアイデアはなかなか見つかりませんでした。一八九〇年に組織された「国際ナイアガラ委員会」は、最も優れた開発プランの提案者に賞金を出すことに決定しました。これに対して発電所建設計画の応募が二〇件近くありました。しかし、そのうち交流に基づく提案は二件だけ。

しかも大手は不参加だったため、委員会は該当なしとの結論を下して解散しました。

その三年後、新設されたナイアガラ開発会社は発電所の建設を決定、ウェスティングハウス・エレクトリック社とゼネラル・エレクトリック社に発電機の競争入札をさせました。ウェスティングハウス社はもちろんテスラの交流システムを提案しましたが、おもしろいのは、競争相手のプランも交流システムだったことです。ゼネラル・エレクトリック社といえば、もともとエジソンが設立した直流会社の後身。その直流派の牙城が、交流に一八〇度舵を切ったわけですから、世の中一寸先はわかりません。

その年の一〇月、発電にはウェスティングハウスの二相交流システム、送電にはゼネラル・エレクトリック社の三相交流システムの採用が決定されました。

一八九五年八月、ナイアガラ瀑布に建設されたE・D・アダムズ発電所（現・アダムズ発電所変圧場）からピッツバーグ還元会社（現・アメリカ・アルミニウム会社）に交流電力が供給され始めました。翌年には、ゼネラル・エレクトリック社の送配電システムも完成し、発電所から工業都市バファローへの三五キロの長距離送電が開始されました。こうしてテスラは、三〇年近く前、おじに向かって宣言した夢をついに実現したのです。

◎電気の時代

私たちが「電気がなんであるか」を正確に知るとき、それは人類のいかなる歴史よりも重要かつ偉大な出来事として年代記に記されるだろう。その素晴らしい立役者によって、人間の快適さ、いや人間の存在そのものが、変容する時代がやってくるかもしれない。（一八九三年）

Nikola Tesla, *The Inventions, Reserches, and Writing of Nikola Tesla*, T.C.Martin,ed.1893.

◎電気学について

光の真の性質を明らかにした電気学は、無数の電気製品や精密機器をもたらすことによって、知識の正確さを大幅に高めた。電気学は、多種多様な力と現象との間のより親密な関係を明らかにし、かくして、自然の全体像の理解が深まり、感覚の覚醒がもたらされたのである。（一八九七年）

Nikola Tesla, *On Electricity, Electrical Review*, January 27, 1897.

◎電気による動物訓練

電気を用いた動物訓練には興味深い可能性があるようだ。どちらかといえば私の専門外だが、電気による調教という方法は、電気の力を知り、未知のものに対して野獣が本能的に恐怖を覚えるとわかればやれないことはない。それに電気的方法は鞭や灼熱の鉄、薬物よりも人道的だろう。それらが一生治らない傷を与えがちなのに対して、電気ショックの傷はすぐに消え、残るのはモラルの問題だけだからである。（一八九八年）

Nikola Tesl, *Electricity to Tame Wild Beasts - Tesla on Animal Training by Electricity New York Journal*, February 6th, 1898.

【解説】

一九世紀、テスラとその協力者が達成した電気エネルギー革命は文字通り世界を変えました。そのインパクトは、産業革命をリードした蒸気エネルギー革命や、現代のコンピュータ（ＩＴ）革命にも匹敵するか、あるいはそれ以上かもしれません。

電気の革命性は少し想像するだけでもわかるでしょう。街灯や家庭照明の普及によって、地上から暗い夜がなくなりました。工場では、強力で安定した動力によって商品が大量生産されるようになり、人々の暮らしは飛躍的に向上しました。鉄道の電化により公共交通の整備も進みました。また家庭に配電された電力は一九世紀末からアメリカで始まった家電革命の原動力となり、女性の家事労働の軽減に大きく貢献しました。

最後の電気ショックによる動物訓練という提案は、現代のスタンガンのような装置を想像させていささか乱暴に感じられますが、これは先覚者ゆえの勇み足かもしれません。交流の危険性を宣伝するために、動物のショック死を実行したり、電気椅子処刑を提案したエジソンなどに比べれば罪は小さいでしょう。

一八九〇年、ウェスティングハウス社はテスラの交流モーターを利用した扇風機を発売しました。売れ行きのほうはさっぱりでしたが、輝かしき家庭電化製品第一号として歴史に名をとどめています。彼のモーターはその後、洗濯機、冷蔵庫、エアコンなどに広く使用されて今に至っています。

あの日、無一文でマンハッタンの空を見上げた移民の青年が、一〇年でアメリカを、いや、世界を変えてしまったのです。

第三章

無線について

◎高周波の世界へ

私が高周波現象の体系的研究に入ったのは、一八八九年のことだった。決定的だったのは、ヘルツの研究やオリバー・ロッジの大胆な見解の刺激的な影響もさることながら、交流の実験中の何げない観察で超高周波電流がもたらす理論的可能性に気づいたからである。ただちに達成された成果は、この特別な分野の効率的な研究手段を実験室に提供するそれ自身きわめて実り豊かなものだとわかった。おかげで特別設計の交流機が建造され、通常の電流を高周波電流に変換するためのさまざまな構成が突き止められた。（一八九八年）

High Frequency Oscillators for Electro-Therapeutic and Other Purposes, Read at the eighth annual meeting of The American Electro-Therapeutic Association, N. Y., Sept. 13 to 15, 1898

◎放電照明

この照明は、国内外の科学学会で実演された初期の実験以来の継続的研究の成果である。その成果を商業利用に供するためには、多くの困難を克服しなければならなかった。通常の供給電流から、簡便かつ経済的な方法で超高速の電気的振動を生み出すこともその一つだった。喜ばしいことにこれは今や完成し、この新方式の照明が現行照明より高度な経済性を実現することが明ら

かになった。（一九〇一年）

Nikola Tesal, *Tesla's Wireless Light*, *Scientific American*, February 2nd, 1901.

【解説】

テスラが高周波（電波）現象の研究に着手したのは、一八九〇年頃でした。きっかけは、一八八八年のハインリッヒ・ヘルツによる電磁波の検証実験でした。

この実験は、電磁波の存在を初めて証明した歴史的実験ですが、ヘルツ自身は無線通信の可能性には否定的でした。安定した高周波（電波）を作り出す発振機と、電波を検出する検波器製作のむずかしさを理解していたからです。

しかし技術の急速な進歩はヘルツの予想をあっさり裏切りました。とくに検波器の研究進展は早く、ヘルツの検証実験から二年後の一八九〇年には、フランスのE・ブランリーがコヒーラ現象を応用したすぐれた検波器を完成させました。

もうひとつの課題である発振機の製作は少し遅れましたが、テスラが交流モーターを応用した高周波発電機と、コイルの共振を利用する高周波変圧器（テスラコイル）を発明したことで解決されました。

こうして入手した高周波で、テスラが最初に取り組んだのが照明への応用でした。着目したのは真空放電現象です。真空放電とは、ガラス管に電極を入れ、管内の空気を抜いて電圧をかけると、管内が美しく輝き出すという現象で、発見者は「電気学の父」マイケル・ファラデーでした。その後、実験装置として発展させられ、ドイツのハインリッヒ・ガイスラーのガイスラー管、イギリスのウィリアム・クルックスのクルックス管などがつくられました。

テスラはこの電源に高周波交流を使えば、エジソンの白熱電球よりはるかに効率的な光源をつくれると考えたのです。

管内にナトリウム、ネオン、水銀などのガスを封入し、交流電源に接続して放電させると、ガスの種類に応じて色とりどりの発光が生じました。ナトリウムはオレンジ色、ネオンは青白く、水銀は青緑がかった色に……。これらは現代のナトリウム灯や水銀灯の原型になりました。ただし、実用化にはクリアすべき技術的課題も多く、商品化は後続の手に委ねられました。

彼はネオン管で大科学者のイニシャルや幾何学形をかたどって講演の舞台を飾りました。これは現代のネオンサインの先駆けとされています。

◎無線電信の可能性

情報の無線送信のアイデアは最近の電気的研究の自然な成り行きである。熱狂的な一部の人々は、大気を通じた誘導によってどんな遠隔地にも送信できる無線電話が可能だと豪語している。私はそこまで想像を広げられないが、強力な装置があれば、地球の静電的条件に干渉し、明白な信号と、おそらくは電力を送信することは可能だと確信している。（一八九二年）

Thomas Commentord Mrtin, ed., *The Inventions, Reserches and Writings, Nikola Tesla. With Special Reference to His Work In. Polyphase. Currents and High Potential Lighting*. 1894.

有線通信が時代遅れになる日も遠くない。なぜなら無線による通信は安価で、高速であるばかりか、より安全だとも思われるからである。メッセージを分離する私の新方式を採用すれば、守秘権についてもほぼ完璧に保証される。（一九〇〇年）

Nikola Tesla, *The Problem of Increasing Human Energy*, *The Century Magazine*, 1900.

【解説】

自前の装置を使った実験で、高周波現象について理解を深めたテスラは、電波が特定のコイルに反応する現象から、電波の選択技術（同調技術）を開発するなど、数多くの業績を挙げました。こうした成果を彼は一八九二年のヨーロッパ講演で発表、科学界に衝撃を与えました。さらに、翌年のフランクリン協会と国際電燈協会の講演では会場内の装置と、建物外の装置との間で近距離の無線実験にも成功しました。

ますます自信を深めたテスラは、遠距離無線通信の本格的探究に着手しました。その理論的原点は、地球とその上層大気、さらに上層の電離層を巨大なコンデンサーに見立てるアナロジー（類推、類似という点に着目して、他を推し量ること）的思考にありました。この地球コンデンサーに高周波電流を送り込んで大気の電気的バランスを崩せば、電波の遠距離送信が可能だと考えたのです。「そこまで想像を広げられないが……」。発言は慎重ですが、近距離の無線通信にすら誰も成功していなかった（グリエルモ・マルコーニが本格的に実験を開始するのは、この三年後です）ことを考えれば、その先見性はやはり賞賛に値するでしょう。

◎コロラドスプリングス

こうした発明にさらに磨きをかけるためコロラド州におもむき、手を替え品を替えて研究を続けた。特にそのうちの一つは、今や無線電力伝送以上に重要になっている。研究所はパイクスピーク付近に構えたが、コロラド山脈の澄んだ大気は実験にきわめて好都合で、その成果はこの上なく喜ばしいものだった。（一九〇一年）

Nikola Tesla, *Talking With The Planets*, *Collier's Weekly*, February 9, 1901.

あれほどの精神集中を要求されたテーマは未だかつてなかった。私はこの増幅送信機を土台とするシステムと同様の危険性で脳の最も微細な神経繊維を酷使した。回転磁界の開発にも若き集中力と情熱のすべてを傾注したとはいえ、当時の労苦はこれとは性格を異にしていた。奮闘努力の極みではあっても、無線に関する幾多の難題に挑戦したときほど、厳しく、精神をすり減らすような洞察力は不要だったのである。
……非常に重要なポイントは、まず地球の容量を知り、帯電しているとすればその帯電量を知ることである。（一九一九年）

Nikola Tesla, *My Inventions, Electrical Experimenter*, 1919.

【解説】

実験を重ねるうちに無線実用化の確信を深めたテスラは、さらに大型の発振器を建造して実験を進めていきました。しかし実験規模の拡大につれ、マンハッタンの研究所が次第に窮屈になってきました。そこで一八九九年、テスラは支援者の協力をえて、新たな実験施設の建設を決意します。

建設地はコロラド州コロラドスプリングス。ロッキー山脈の高峰パイクスピークに連なり、空気が乾燥して雷が発生しやすい気象条件からも、実験目的には最適でした。

完成した施設は、基部の大きな納屋風の建物、その屋根から突き出した高さ二四メートルの木造の塔、そこからさらに突き出た三六・五メートルの金属マストから構成されていました。建物内を占領するのは、直径二三メートルのフェンスに巻かれた一次コイルと、上部のカゴ形の骨組みに巻かれた二次コイルです。テスラはこの巨大装置を「増幅送信機」と呼びましたが、要は二組のコイルの共振を利用して、高周波・高電圧を発生・発振させる無線送信機でした。

その周囲には大小さまざまのコイル、高周波変圧器、計測機器などが所狭しと設置されていました。

こうした装置でテスラは最大一億ボルト、三〇万ヘルツ以上の高周波電流の発生をめざしました。それによって地球が帯電体だという仮説を立証し、あわせて無線に必要な技術に道筋をつけようとしたのです。その目標は、大電力送信機の開発、送信エネルギーの個別化・絶縁化技術、地球と大気を通じた電流の伝幡技術など盛り沢山でしたが、このときのテスラは自分ならすべての課題を乗り越えられると確信していたはずです。

◎地球は帯電している

この惑星がいかに広大でも、電流に対しては事実上小さな金属球にすぎない。偶然に明かされ、実験で確認されたこの偉大な真理が広く知れ渡ったあかつきには、圧倒的な想像力で計り知れない成果を生む可能性の多くが達成できないはずがないだろう。（一九〇四年）

The Transmission of Electric Energy Without Wire, Electrical World and Engineer, 5 March, 1904.

◎地球定常波の発見

それらは複数の理由から、容易に忘れがたいものだった。第一は、異常な数の雷が描き出した壮大な光景である。二時間で目撃された放電は、一万から一万二千回に及んだ。閃光はほぼ間断なく続き、嵐が弱まった夜更けでさえ一分あたり一五から二〇回の放電が目撃された。まばゆく輝く放電には、しばしば一〇倍か二〇倍の分枝が見られた。それらは上部より下部のほうが太く見えた。そんなことがありえるのか？　おそらく地面に近い部分が観察者に近かったというだけだろう。

空はますます暗く、放電は絶え間なく増大していった。それにつれて、遠方からも認識できるようになった。ひとつの機器（回転コヒーラ）が私の電信計画に沿って、地面と地上のプレートに接続され、地面を通じた伝達効果を増幅するため一個のコンデンサーが使用された。この増幅方法はよりよい結果を保証し、多くの改良とともに後述されるだろう。私はこれを用いてレーナルト（※）とレントゲンの放射線の性質を研究し、すばらしい成果を挙げたのだった。

継電器はさほど敏感に調整されていなかったが、それでも音速から距離を判断して暴風がまだ約八〇〜一〇〇マイル離れていた時点で作動し始めていた。嵐が接近するにつれて、調整装置の感受性を限界まで低くしなければならなかった。（一八九九年）

Nikola Tesla, *Colorado Springs Note 1899-1900*, 1978.

【解説】

コロラドスプリングスの実験は一八九九年五月から翌年一月まで連日続けられました。この実験で、テスラが最重要課題と位置づけていたのは「地球の帯電」の確証でした。さいわいこれは実験によってすぐに確認できました。地球は小さな金属球と同じ一個の導体としてふるまったのです。これは大変な朗報でした。

地球が帯電していれば、少ない電力で電気振動（電波）の発生が可能になります。もしそうでなければ、膨大な電力を地中に注ぎ込まねばならず、構想自体に決定的な狂いが生じてしまいます。

テスラは初期の成果に満足しながら、さらに実験を重ねていきました。すると間もなく、思いがけない展開が訪れました。

それは実験開始から一ヵ月余りのちの一八九九年七月三日のことでした。その日は、昼間、強烈に充電された雷雲が西空に集まり、夜になると猛烈な嵐となって山間部を暴れまくりました。それから平原を猛烈な速度で渡ってきました。テスラは記録装置を調整しながら観測を続けました。嵐が近づくにつれて放電は最高値を記録し、それからしだいに低下して、最後に完全に消えました。

さらに観測を続けていると、記録装置の表示が再び上昇し始め、しだいに強くなって最大値を超えてから、じょじょに弱くなってふたたび消失しました。こうしたパターンが断続的に繰り返されたのです。

テスラはこれこそ地球の定常波の証拠に違いないと考えました。つまり、干渉源の放電が受信回路から遠ざかるにつれて、干渉波の節と腹が連続的にやってきたのだと。

地球は巨大だが、有限な媒質として振舞ったのです。

一般に周波数の等しい波が干渉し合う場合、媒質の大きさが有限であれば、結果的に定常波（定在波）が生まれます。この夜の実験で、コロラドスプリングスの雷放電から発した波動は、地球のカーブを超えて広がり、地球の正反対の一点に集中しました。そこが放電と共振する電気的な極となり、反射波をコロラドスプリングスに送り返してきました。それを雷放電がふたたび増強して、さらに強力な波を送る。こうして進行波と反射波が干渉し合って、定常波が生まれたのです。

エネルギーが供給されているかぎり定常波は持続し、さらに大きなエネルギーを生み出すはずです。雷放電を拡大送信機の放電に代えれば、地球上どこにでも無線でメッセージを送れるし、ほとんど損失のない送電も可能になるでしょう。

テスラの仮説は確信に変わりました。

※フィリップ・エドゥアルト・アントン・フォン・レーナルト（一八六二年―一九四七年）
ハンガリー出身のドイツの物理学者。陰極線の研究で一九〇五年にノーベル物理学賞を受賞。

◎テスラコイル

この装置は一八九一年初めに科学学会で最初に実演して以来、ある程度の完成にこぎつけたものである。最初は電球一個の点灯がやっとだった（それでも素晴らしい成果だと思われた）が、今やこの方法で四、五百個の電球を点灯することもむずかしくない。いや、はるかに多く点灯できることは明白である。実際、この方法で供給されるさまざまな電気装置稼働用のエネルギー量には限界がない。（一九〇〇年）

Nikola Tesla, *The Problem of Increasing Human Energy*, *The Century Magazine*, 1900.

【解説】

「この装置」とはテスラの代名詞にもなっているテスラコイルです。一般的には共振変圧器と呼ばれ、比較的太い線を少数回巻いた一次コイルと、火花放電を起こすスパークギャップ、空芯の円筒に比較的細い線を多数回巻いた二次コイルとで構成されています。この一次コイルと二次コイルの共振を利用して高周波高電圧を発生させるのです。

電波発生に挑んだ当初、テスラは交流発電機の回転数を上げることで目的を達成しようとしました。しかし、この機械的方法はすぐに限界に突き当たりました。

次にテスラが注目したのは、一八五〇年代にケルビン卿が発見したコンデンサーとコイルの共振関係でした。この原理を応用して製作した共振変圧器は、数万ボルト数十万ヘルツの高周波高電圧の発生に成功しました。

この共振変圧器はテスラの無線システムの中核として、コロラドスプリングスの実験でも使用されました。また、唯一の実用的な高周波発生装置として多くの研究者に恩恵を与え、初期の無線機の発振回路にも広く使われました。

テスラはこのテスラコイルで、四、五百個の電灯が点灯可能だと主張しましたが、これは実際に点灯したという意味ではありません。あくまでも可能性について言及しただけなので、注意が必要です。

二〇世紀になると、テスラコイルの無線機器としての役割はリー・ド・フォレストの三極真空管に奪われてしまいます。とはいえ完全に歴史に埋もれてしまったわけではなく、現在でもプラズマの形成や「がいし」の絶縁試験などのほか、小型のものが液晶のバックライトなどに応用されています。近年は理科教育の現場で、電流と電圧の関係、電気的共振など、物理学、電気学の基礎を学ぶのに適した教材としても注目されています。

科学博物館の展示に採用される例もふえ、電源に接続されていない蛍光灯を点灯するパフォーマンスなどで観覧客を楽しませています。

テスラコイルの神秘的な放電に魅せられ、その製作に取り組むマニア（テスラコイル・ビルダー）は世界中に存在します。彼らは動画サイトやイベントを通じて情報交換し、互いにその規模や性能を競い合っています。ＳＦ映画やパニック映画の特殊効果、音楽、演劇、アート、超魔術ショーなどのパフォーマンス装置としても注目されています。

雷放電に似たスペクタクルな電光は、テスラのきらめくような才能と生涯にイメージが重なるので、テスラ研究者や愛好家にとって特別な存在となっているのです。

◎遠距離無線電信

いかに異常な結果に見えようとも、それはこの原理に基づく装置で達成可能な成果に比べれば取るに足らないものだった。発生した放電は実際の経路で端から端まで三〇メートル以上に達したが、その一〇〇倍の長さでもたやすく達成できただろう。

私が生み出した電気活動の仕事率は、およそ一〇万馬力だったが、五〇〇万馬力ないし一〇〇〇万馬力でも容易に実現できただろう。こうした実験効果は、かつて人間が生み出したいかなる効果も凌駕していたが、なおかつ来るべきものの胎児にすぎない。

このような装置を使えば地球上のどの地域とも無線通信が可能になることは、証明をまたないだろう。（一九〇〇年）

Nikola Tesla, *The Problem of Increasing Human Energy*, *The Century Magazine*, 1900.

偉大な意志は調和と統一へ向かう技術的改良から生まれるが、私の無線送信機はまさにそのようなものである。この送信機によって、音声や画像がどこでも再現され、電力供給源の滝から数千キロ離れた工場が稼働するだろう。航空機は地球を無着陸で飛び回り、制御された太陽エネルギーが川や湖から動力を引きだし、不毛の砂漠を沃野に変える。電信、電話などに応用すれば、無線の利用を制約している雑音などの混信は自動的に除去されるだろう。（一九一九年）

Nikola Tesla, *My Inventions*, *Electrical Experimenter*, 1919.

無線システムの幕開けから私はこの新しい電気技術が他のいかなる科学的発見にもまして有益だと見なしてきた。なぜならそれは距離とは無関係だからである。人間性を害する病の大半は地球の膨大な広がりと、個人と国家が密に交流できないことによって生じるからだ。（一九二六年）

COLLIER'S INTERVIEW WITH NIKOLA TESLA, January 30, 1926.

【解説】

コロラドスプリングスで実験を重ねるうちに、テスラのなかにひとつの雄大な構想が芽生えてきました。無線を使って、情報と電力を全世界に送れないだろうか？　電信線や送電線は効率が悪いうえに、長距離間の敷設は費用の面からも容易ではない。これを無線に代えれば、情報も電力も世界中に瞬時に送れるようになるだろう。しかも自分の推測が正しければ、そのエネルギーはこの地球から無尽蔵にえられるはずだ――。

こうした発想に基づいて提唱されたのが、テスラの「世界システム」です。ある技術レポートの解説によれば、世界システムを構成するのは次の五つの技術でした。すなわち、「テスラ変圧器」「増幅送信機」「テスラ無線システム」「個別化の技術」「遠隔定常波」。このうち、「個別化の技術」とは特定の電波を選択するための同調技術です。

この五つによって、無線電信と無線送電に必要な技術はすべてカバーできるはずでした。いずれもテスラの発明に基づいていたことから、この分野における彼の技術力がいかに飛びぬけていたかがわかるでしょう。

※一馬力は七五〇ワットだから、五〇〇〇万馬力は、三七五万キロワットに相当する。現代のAM放送局の出力は最大でも五〇〇キロワット程度。

◎無線電力伝送（ワイヤレス給電）

従来の見解に反して、利用しやすい低空大気層が伝導性をもちうると観察された瞬間から、無線送電は技術者にとって、すべてを凌駕する合理的かつ重要な課題になった。これが実用化すれば、地球上どこでもエネルギーが利用可能になるだろう。その量はしかるべき機械装置で周囲の媒体から取得できる程度のわずかなものではない。滝から生まれるほぼ無限のエネルギーなのである。

この結果、合衆国、カナダ、南アメリカ、スイス、スウェーデンのような環境に恵まれた国は、電力の輸出が主要な収入源になる可能性がある。人間はどこにでも居住し、ほとんど苦労なく土地を灌漑して肥沃化し、不毛の砂漠を庭園に変えられるだろう。かくして全地球が変貌を遂げ、人類の居住により適したものになっていく。（一九〇〇年）

Nikola Tesla, *TheProblem of Increasing Human Energy. The Century Magazine*, 1900.

電力は、遠からず無線送電され、住宅照明や航空動力などに商業利用されうる。基本原理は発見ずみなので、残るは商用化に向けた開発だけである。開発が完了すれば、自分の農場を見下ろす山頂、あるいは北極、砂漠へと、世界中どこにでも行けるようになる。小型の器具を設置すれば、調理用の熱や読書の光源も手に入る。装置は通常のスーツケースより小型の鞄で持ち運び可能だ。何年か先には無線照明が、現在の都市の電灯と同じように農場では当たり前の時代がやってくるだろう。（一九二一年）

An Interview with Nikola Tesla: Making Your Imagination Work for You, American Magazine, The April, 1921

無線エネルギーの最も有益な用途はおそらく飛行機械の推進力である。それは燃料を持たず、現在の飛行機や飛行船の制限から解放されるだろう。ニューヨークからヨーロッパまで数時間で移動可能になる。国境はほぼ消失し、地球上のさまざまな人種が統一と調和に向かう大きな一歩が踏み出されるだろう。どんなにアクセスが困難な地域にもエネルギー供給が可能になるばかりか、国際的利益の調和が図られることで政治的効果も発揮され、差異ではなく理解が生まれることだろう。（一九二六年）

COLLIER'S INTERVIEW WITH NIKOLA TESLA, January 30, 1926.

【解説】

前述のようにコロラドスプリングスの実験で地球の定常波を発見したテスラは、無線電信、無線電話、写真電送、ファクシミリ、無線の電力伝送（無線送電）などからなるマルチ無線システム「世界システム」を構想しました。

一九〇〇年、テスラはその構想を雑誌の掲載論文で明らかにしました。これに興味をそそられたのが「ウォール街のジュピター」こと、大投資家J・P・モルガンです。

モルガンの支援をえて一九〇一年、テスラはニューヨーク郊外ロングアイランドの海岸に実験施設を建設し、世界システムの実現をめざしました。施設は高さ六〇メートルのアンテナ塔を中心に、複数の工場や研究所などが連なる大仕掛けなものでした。しかし、あまりの規模に建設費が膨れ上がり、大幅な工期の遅れを招いてしまいます。しかも途中、計画の存続にかかわるショックが彼を襲いました。一九〇一年一二月一二日夜、ライバルのマルコーニがイギリス北端から発信したモールス信号が冬の大西洋を越えて、北米カナダに到達したのです。当時、電波は直進するので、地平線を越えられないと信じられていました。しかしその常識は、地球を半周する無線電信の成功によってあっさり覆されてしまったのでした。

翌年には、オリヴァー・ヘヴィサイドとA・E・ケネリーが電波を反射する電離層の存在を示唆し、理論的にも成功が裏づけられました。

マルコーニの成功を知ったモルガンは、これ以上の投資は無駄だと判断し、援助を打ち切ってしまいました。資金源を失った発明家は工事を中止し、研究所も閉鎖せざるをえなくなりました。こうして世界システムの夢は挫折したのです。

実際のところ世界システムの実現可能性はどれほどあったのでしょうか。仮にモルガンの支援が継続していれば、いずれその夢は実現したのでしょうか。

これについて現代の研究者は、テスラの方式では無線通信も、無線送電も、ともに実用化は難しかったと見ています。テスラが発見した定常波は今日ではＥＬＦ（極超長波）による「シューマン共鳴」現象として知られています。しかし、これを利用した無線は、通信・送電ともに効率が悪く、用途は限定的だとされているからです。

こうして一度は挫折した無線送電ですが、ここ数年、ＩＴ機器や電気自動車の給電装置として、再び脚光を浴びています。

現在実用化されつつあるワイヤレス給電には、大きく分けて三方式があります。すなわち、「電磁誘導方式」「無線方式」「電磁界共鳴方式」の三つです。

電磁誘導方式とは、マイケル・ファラデーが発見した電磁誘導を利用するものです。この方法は電波が微弱なため、電源の間近でしか利用できないのが弱点ですが、実用化は一番早く、すでに各社から充電用のモジュールが発売されています。

次の無線方式は、マイクロ波などの電波を使って電気エネルギーを送信し、これをアンテナで受けて電力に変換する方式です。遠距離の送受信に適しており、これも実用化の時期が迫っています。宇宙航空研究開発機構（JAXA）などが研究している「宇宙太陽光発電」（人工衛星で太陽光発電し、地上に送信する宇宙発電所）にも同様の方式が採用される予定です。

電磁界共鳴方式とは、送電側のコイルと受電側のコイルの電界・磁界の共振を利用する方法です。電磁誘導方式より長い数メートルの送受信距離があるとされ、自動車メーカーなど各社が電気自動車の充電用に実用化を目指しています。

テスラの方式は、遠距離送電という点では「無線方式」、共振の利用という点では「電磁界共鳴方式」に近いと考えられます。今後、どの方式が主流になるにしても、少なくともテスラの夢が実現したと言っても過言ではないでしょう。

◎一〇〇年前のラジオとスマートフォン

これが完成すれば、ニューヨークのビジネスマンが指示を口述し、それをロンドンかどこかの自分のオフィスでただちに活字化できるようになるだろう。デスクから電話をかけて、地球上のどの電話加入者とも、既存の器械をそのまま使って話せるようになる。時計よりも小さい安価な装置があれば、別の場所から配信された音楽や歌、政治指導者の演説、著名な科学者の講演、あるいは雄弁な聖職者の説教を、どんなに遠く離れていようと、陸海のどこでも聞けるはずだ。

Walter W. Massie & Charles R. Underhill, *Wireless Telegraphy & Telephony*, 1908.
（一九〇八年）

無線が完全に実用化されると、地球全体が巨大な脳に様変わりする。すべてが生き生きと律動する組織粒子になってしまう。いかに離れていても、互いに瞬時に交信可能になるばかりか、テレビや電話を通じて、数千マイルの距離を超え、まるで対面しているかのごとくしっかり見聞きできるようになるだろう。それを可能にする機器は現在の電話に比べて驚くほどシンプルで、ベストのポケットに入れて持ち運べる物になる。

John B. Kennedy, *An interview with Nikola Tesla*, January 30, 1926.
（一九二六年）

【解説】

テスラは世界システムの一環として、一八九〇年代からラジオ放送を計画していました。しかし最初に成功したのはアメリカのレジナルド・フェッセンデンでした。一九〇〇年に無線電話の実験をおこなったフェッセンデンはその機器を改良して、一九〇六年一二月のクリスマスにクリスマスの挨拶をラジオ放送したのです。この際に使用された高周波発電機はテスラの発電機の改良版でした。

最初の商業放送局が開局したのはその一四年後で、テスラと縁の深いウェスティングハウス社がペンシルヴァニア州ピッツバーグに開局したKDKA局です。その後、全米にラジオ局が開局し、一挙に普及しました。

初期のラジオ受信機は真空管を使用し、基本的に家庭で聴く設置型でした。持ち運び可能な小型受信機も研究されましたが、真空管の小型化の限界と、消費電力の大きさのため実用には至りませんでした。

テスラが予言した「時計よりも小さい安価な」受信機が実現したのは、一九四八年にウィリアム・ショックレーらが発明したトランジスタのおかげでした。六年後、これを使った小型で消費電力の少ないトランジスタラジオが発表され、一九五〇年中頃から量産されて普及しました。ほどなく服のポケットに入る小型機も登場します。

一方、何千キロ離れていても「まるで対面しているかのように」対話可能な小型無線機も、それから五〇年後に実現しました。今や生活必需品となっている携帯電話とスマートフォンです。

車載電話を小型化して、一九九〇年代に普及し始めた携帯電話は、「ポケットに入る」ほど小型の機器によって、音声による対話を可能にしました。その後登場したスマートフォンでは、さらに映像も加わりました。テスラの予言からほぼ一世紀後のことです。

◎レーダーの予言

地球定常波が意味するのは、単なる遠距離無線電信以上のものである。それは他の方法では不可能な、多くの重要かつ特異な成果を達成するだろう。たとえばこれを利用して、送信局から地球のどこにでも思いどおりの電気的効果を引き起こせるかもしれない。海上の船舶のような移動体の相対位置、進路、横断距離を判別できる可能性もある。（一九〇〇年）

Nikola Tesla, *The Problem of Increasing Human Energy*, *The Century Magazine*, 1900.

数百万ヘルツの超高周波で電気振動する極微の電荷の流れからなる集中光線を射出し、潜水艦の船体などに反射後、これを遮って同一艦船か別艦船上の蛍光スクリーンに投映できれば（X線に似た方法で）、隠れた潜水艦の位置を突きとめるという問題は解決できたはずだ。（一九一七年）

New Yankee Tricks to Circumvent the U-Boat, *The Fort Wayne Journal-Gazette*, August 19, 1917.

【解説】

テスラがレーダーの概念を最初に提出したのは、コロラドスプリングの実験終了後の一九〇〇年のことでした。この年発表した論文で、定常波の電磁波を使って、海上の船舶のような移動体の相対位置、進路、横断距離、速度などを決定する可能性について論じたのです。

このアイデアをいち早く実現したのは、ドイツの発明家クリスティアン・ヒュルスマイヤーでした。彼の装置は火花送信機、コヒーラー受信機、ダイポールアンテナを組み合わせて、電磁波の反射で船を検出、衝突を回避するというものでした。一九〇四年、ドイツとオランダで実演し、五キロメートルの距離で船舶の探知に成功、イギリスで特許を取得しました。しかし海軍には採用されず、実際に生産されることもありませんでした。

続いて一九一五年には、イギリスのワトソン・ワットが電波を利用して雷の位置を測定する装置を発明しました。

その二年後、テスラは短波を使用するより具体的なレーダーの概念を提出しましたが、今回も製作には至りませんでした。レーダーの実用化はそれから二〇年以上後の第二次世界大戦勃発後でした。アメリカ、ロシア、ドイツ、フランス、日本などがそれぞれ独自方式のレーダーを開発、実戦に用いて戦況を左右するほどの役割を果たしました。

第四章

発明と予言

◎思考テレビジョン

心の認識は錯覚であるというデカルト派の最重要原理に反して、目は真実かつ正確な外部の画像を心に伝達する。

というのも、光は直進するため、網膜に投射されたイメージが外部形式の正確な再現となり、それが視神経メカニズムのおかげで、歪むことなく脳へ伝達されるからである。

この伝達プロセスは逆転可能に違いない。すなわち、こだまが最初の干渉を再現できるように、意識にもたらされた形式は反射作用によって元のイメージを網膜上に再生できるのである。

（一九一五年）

Nikola Tesla, "How Cosmic forces Shape Our Destinies" ("*Did the War Cause the Italian Earthquake*") New York American, February 7, 1915.

遠くない将来、形成された思考イメージをスクリーン上に瞬時に表示させ、好きな場所で見られるようになるだろう。この思考読解法の完成は、あらゆる社会関係により良い発展を生み出す。残念なことに、狡猾な違法者が邪悪なビジネス促進のためにその利点を悪用するのも確かであるが。（一九一五年）

Nikola Tesla, *The Wonder World to Be Created by Electricity, Manufacturer's Record*, September 9, 1915.

【解説】

テスラは脳を思考の主体ではなく、宇宙のどこかにある知識や力、霊感の源からの信号をキャッチする受信機と見なし、その働きを無線受信機とのアナロジーで考えていました。そこから脳に浮かんだ思考を発信し、外部の無線受信機で受信してスクリーンに投影すれば、思考を映すテレビジョンになると考えたのです。

頭に描いたイメージを映像化する技術は、現在、最前線のテーマとして世界中で研究されています。その技術的な核のひとつが、「ｆＭＲＩ」（磁気共鳴機能画像法）です。

ｆＭＲＩは脳の血流動態を観察することで、複雑な人間の脳活動を比較的容易にモニターできる技法です。これにＡＩ技術による分析を組み合わせて、脳内イメージを映像化しようというのです。たしかに、これを発展させれば、いずれ人間の思考や記憶の取り出しも可能になるかもしれません。ただしテスラも指摘しているように、実現のあかつきには悪用の恐れも無視できないでしょう。

思考が読み取られるということは、個人情報がすべてさらされることとイコールだからです。さらにいえば、人間は清廉潔白なことばかり考えているわけではなく、ときには反道徳的、反社会的なことも考えてしまう生き物です。反体制的で異端な思想を持つ人間も少なくありません。それらがすべて明るみに出されることの危険性は、技術の実現可能性と並行してよくよく考慮されなければならないでしょう。

◎音声入力タイプライター

もうひとつの重要な発明は音声で操作されるタイプライターである。この進歩はオペレーターを不要にし、オフィスの時間と労力を大幅に節約することで、長年の要求を満たすだろう。

（一九一六年）

Wonder of the Future, Collier's Weekly, December 2nd, 1916.

【解説】

人の話しことばがそのまま文字として印字される機械をつくる。これは長い間の夢でした。文書作成機械の入力手段として早くから使われてきたのは、英文タイプライターのキーボードです。そのキー配列にならった日本語キーボードは、ワープロやパソコンの普及とともに広がり、今やごく当たり前の入力手段になっています。

しかし、視覚障害者や、手が不自由な人には別の入力手段が必要になります。健常者にとっても正確で素早い音声入力が実現すれば、便利なことはいうまでもありません。

音声入力の基礎となる音声認識技術の探究は一九六〇年代に始まりました。その後、コンピュータの発展とともに開発が進み、現在は、音節を一音ずつ区切って発声したものを認識し、それを仮名漢字変換させる技術が実用化しつつあります。連続的な音声認識の研究も続けられ、一部実用化の見通しが立ってきました。スマホで使える無料の音声入力サービスも実用レベルにまできています。テスラが一〇〇年前に予言した夢の音声タイプライターの実現は間近いといえるでしょう。

◎垂直離着陸機「フリーバー」

私の飛行船にはエアバッグも、翼も、プロペラも不要である。……地上で見れば、決して飛行機械には見えないだろう。しかしそれは、完璧な安全性とかつてない高速を誇り、天候も、エアポケットも、下降気流などもおかまいなしに、大気中を縦横無尽に飛び回ることができる。必要なら下降気流のなかでも上昇可能だろう。風のなかでさえ、空中に長時間完全停止できる。その上昇力は鳥が使用するような脆弱な装置ではなくしっかりした機械的作用によっている。（一九一一年）

Tesla's New Monarch of Machines, New York Herald Tribune, Oct 15, 1911.

今回発明した「ヘリコプター飛行機」と呼ばれる新型の飛行機械は、垂直に上昇下降し、同じ推進装置で水平飛行する。これには、特別設計の原動力、プロペラをはじめ、空中での機体傾斜、姿勢制御装置、斬新な着陸装置などの構造的詳細が含まれる。……

移動手段としての航空機の使用は実質的に減少しており、その商業的導入はなかなか進まない。上昇下降を容易にする機構がないせいで、揚力がほぼ航空機、というか翼の急速な直進運動でしか生じないのだから当然の結果だろう。不可欠なこの高速が、生命財産を危険にさらし、航路の終点では、特別な機器を装備し、適切な施設をつくらねばならない。そのすべてが一筋縄ではいかない障害や困難を伴うのである。（一九二七年）

Tesla Patent 1, 655, 114 Apparatus for Aerial Transportation.
Application filed October 4, 1927. Serial No. 223,915.

【解説】

テスラは幼い頃、空を飛ぼうと傘の柄につかまって屋根から飛び降り、失敗して大怪我をしたことがありました。しかしそれにめげず、大人になってからも空を飛ぶ夢を追い続けました。

旧ユーゴスラヴィアの研究者によれば、テスラは一八九〇年代から飛行機械の設計に取り組み、多くの設計図やスケッチを描き上げました。しかし、そのほとんどが一八九五年の研究所火災によって失われてしまいました。その後は世界システムの建設に集中して研究を中断しましたが、一九一一年になって心機一転、斬新な航空機を提案しました。

航空機といっても、テスラが提唱した機体は、当時、実用化し始めた航空機（たとえば複葉機）などとは似ても似つかないものでした。第一、その機体には浮力をえるための翼も推進力をえるためのプロペラもなかったのです。動力は電気的な反動力で、エネルギーは無線電力で供給されます。操縦も無線によるため、パイロットも不要でした。

テスラによれば、この航空機の最高時速は五六〇キロでした。現在では決して高速とはいえませんが、当時の航空機の最高時速が二〇〇キロ以下だったことを考えると、「かつてない高速」と誇っても間違いではないでしょう。

飛行への夢はなおも続き、一九二八年には画期的な垂直離着陸機のアイデアに結実しました。「フリーバー」と名づけられたこの航空機は、総重量三六〇キロという軽量機体に、強力なタービンとプロペラを備えていました。離陸時には機体尾部を地面につけて垂直に立ち、パイロットは底部の回転シートに座ります。

エンジンの始動とともに機体は真っ直ぐに上昇、その後、九〇度回転して水平飛行に移行します。そして目的地に着くと、今とまったく逆の順序で垂直に着陸するのです。この間、パイロットの姿勢はいっさい変わりません。

ガレージの屋根からも離着陸可能で、折り畳めば持ち運びもできます。テスラの試算では、量産時の販売価格は一千ドル以下になるはずでした。

このタイプの航空機は現在、垂直離着陸機「ＶＴＯＬ（ブイトール）」と呼ばれています。最初に実用化されたＶＴＯＬ機は、一九六〇年代にイギリス空軍が開発し、のちに米海軍に改良型が採用されたホーカー・シドレー「ハリアー」です。その方式は機体の代わりに、エンジンの推力方向を九〇度回転させるものでした。ほかに実用化された垂直離着陸幾としては、ロシアのヤコブレフＹａＫ−３８、アメリカのベルＶ−２２オスプレイ、ロッキードマーチンＦ３５Ｂなどがあります。

このユニークな航空機が、テスラの発明人生の掉尾を飾る発明になりました。（米国特許1,655,114、一九二七年一〇月四日）

◎惑星間通信について

火星などの惑星に知的生物が存在するとすれば、彼らの注意を引けるように思える。私はこの計画について五、六年の間検討してきた。（一八九六年）

Is Tesla to Signal the Stars?, *Electrical World*, April 4, 1896.

人間は確実に惑星へメッセージを送信できるし、返事を受けとる可能性もありそうだ。知性に恵まれた生物は人間に限らないのである。（一九〇〇年）

Nikola Tesla, *The Problem of Increasing Human Energy*, *The Century Magazine*, 1900.

人類に計り知れない影響をもたらすかもしれない何かを観察しているのだと気づいた瞬間、沸き起こってきた興奮は決して忘れることはできない。まるで新しい知識の誕生か、偉大な真実の啓示に立ち会っているかのようだった。今でも時々その記憶が鮮明によみがえり、装置が目前にあるかのようにはっきりと思い出すことがある。最初の観察は超自然現象とはいわないまでも、なにか神秘的なものだったので、まったく肝を潰したものだ。しかも、その夜は研究所でひとりだっただけになおさらである。もっとも当時はまだ、そのような干渉が知的に制御された信号だとは思いつかなかった。（一九〇一年）

自分が惑星間の挨拶を聞いた最初の人間だという気持は徐々に高まっている。（一九〇一年）

Nikola Tesla, *Talking With The Planets*, *Collier's Weekly*, February 9, 1901.

狭量さと愚かさを示す証拠は数あれど、この小さな惑星だけが生命の宿る場所に選ばれ、他のすべての天体が火や氷の塊であるという信念ほど愚かなものはない。生命が存在しない惑星は確かにあるが、そうではない惑星もある。なかにはさまざまな進化の段階と状態のもとで、生命が存在する惑星もあるにちがいない。（一九〇九年）

How to Signal to Mars, *The New York Times*, 23rd May, 1909.

惑星間通信より重要なものはない。それはいつの日か必ず実現する。宇宙には自分たちのほかにも人類が存在し、働き、傷つき、苦闘しているという確信が魔法のような効果を生み、人類が存続する限り続く宇宙的友好の基礎を築き上げるだろう。（一九三一年）

Nikola Tesla at 75, Time Magazine, July 20, 1931.

【解説】

「火星生物からの通信を受信した」——テスラがそんな衝撃的な発表をしたのは一九〇一年二月のことでした。

発表のもとになったのは一八九九年夏、コロラドスプリングスでの実験中に彼が経験したある出来事でした。その夜、例のごとく無線の実験をしていたテスラは、受信機から聞こえる規則的な雑音に気づきました。それは長い実験のなかで初めて聞くものでした。

発信源について考察したテスラは、最初、犯人は雷ではないかと考えました。しかし周期からすぐに違うことがわかりました。次に太陽の影響も考えましたが、これも違っていました。では、人工的な電波か。いえ、その可能性も考えられませんでした。当時、それほど強力な電波を発信できる者は、自分以外にいないはずだったからです。

だとすれば、発信源は地球ではないだろう。おそらく宇宙のどこかではないか。では、どこか？

現在でこそ、強い電波を発する天体（電波天体）の存在は周知のことですが、当時はまだその知識はありませんでした。数ヵ月にわたる探究の末、テスラは最後にこう結論づけました。発信源は、近頃、知的生命の存在が話題になっている火星にちがいない。

一九世紀後半、西欧世界は火星人ブームに沸いていました。きっかけは、一八七七年、ミラノの天文台長ジョバンニ・V・スキャパレリが望遠鏡を覗いてつくった火星地図でした。その地図には「カナリ」（スジとか溝）と呼ばれる人工的に見える線が大量に書き込まれていました。これが「カナル」（運河）と誤訳されて、実際に運河が存在するかのように広まったのです。

その後、一八九五年には、アメリカのアマチュア天文学者パーシバル・ローウェルが黒い線が走る火星表面のスケッチを運河として発表しました。これにより、ふたたび火星生命への関心が高まりました。翌年には、文豪ナサニエル・ホーソーンの娘婿で著述家ジョージ・ラスラップが、火星からの侵略者との戦いを描いた小説を発表、その延長上に誕生したのが、タコ型火星人でおなじみH・G・ウェルズの名作『宇宙戦争』（一八九八年）です。テスラの火星からの通信発言はこうしたブームの影響だったと考えられます。

現代の研究者は、テスラが受信したのは、クエーサー（準星）などの電波天体から発せられた電波だったと推測しています。前述のように当時、その種の天体はまだ知られていませんでした。そんななか、テスラは無線技術と宇宙の知的生命を結びつけて推理し、電波天文学とＳＥＴＩ（地球外知的生命体探査）に先鞭をつけたのでした。

※テスラが受信したと主張した電波は、実はライバルのマルコーニの電波ではないかという研究者の指摘があります。テスラが火星からのものとおぼしき電波を受信したのは一八九九年七月二八日と仮定されていますが、その日、マルコーニは英仏海峡で艦船間の遠距離無線電信の実験を実施して

いたからです。テスラが受信したのはその電波ではないかというのです。テスラものちにその皮肉な可能性に気づいたようで、火星からの電波説をトーンダウンさせるようになりました。

◎無線操縦ロボット

テロートマティック・ボートの実演中、私は観客にどんなに難しくてもよいからと質問を求め、オートマトンが身ぶり手ぶりでこれに答えたものだった。これは当時、魔法のごとく見られたが、原理はきわめて単純だった。というのも、この装置を使って回答を与えていたのはほかならぬ私自身だったからである。（一九一九年）

Nikola Tesla, *My Inventions, Electrical Experimenter*, 1919.

この機械は生物のような動きをするだろうと私は見ていた。なぜならそれは生物そっくりな機械的特性や要素を備えるはずだったからだ。それでもなお、成長や繁殖能力の問題、とりわけモデルを完璧なものにしたいという知性の問題は残されるだろう。しかしこの場合、機械はいわば完全成長状態で製造できるので、成長は必ずしも必要ない。同様に繁殖も度外視できる。機械的モデルにおいて、それは単に製造工程を意味するからである。

必要な仕事をすべて知的生物のごとく実行できれば、オートマトンの材料が骨と肉か、木材と鉄かなど、たいした問題ではなくなる。そのためには、いかなる不測の事態にも、知識、理性、判断、経験をもってオートマトンの一挙一動を制御する知性に相当する要素が必要だった。もっともこの要素は、私自身の知性や分別を伝えることで簡単に実現できた。

この発明はかように進化して新技術となり、その用語として「テロートマティックス」が提案された。つまり、オートマトンの遠隔制御技術である。（一九〇〇年）

Nikola Tesla, *Problem of increasing human energy*, 1900.

【解説】

「ロボット」の用語が、チェコの作家カレル・チャペックの戯曲に由来することはよく知られています。彼が一九二一年、戯曲『R・U・R・（ロッサム万能ロボット商会）』中に登場させた人造人間をロボット（チェコ語で「労働」の意味）と命名、それが世界中に広まったのです。

しかし、ロボットのような自動機械はそれ以前からありました。「オートマトン」と呼ばれた自動人形がそれです。オートマトンの起源は遠く古代エジプトにまで遡りますが、機械仕掛けの精巧な自動人形が登場するのは、時計技術が発達した近代以降です。一八世紀には時計技術の本場スイスで製作されたた高度なオートマトンが、ヨーロッパの貴族や上流階級の間で大いにもてはやされました。

テスラはもともと機械工作が大好きで、オートマトンにも興味を持っていましたが、実際に製作に挑戦したのは一八九三年ごろからでした。一八九八年には、マディソン・スクェア・ガーデンの電気博覧会で無線操縦ボートの公開実験をおこなった際、自作のオートマトンにガイド役を務めさせました。観客がなにか質問をすると、無線で司令を受けたオートマトンが身振り手振りでそれに答えたのです。

ロボット史でいえば、メイン展示の無線操縦ボートも重要な成果だったでしょう。ボートの船内には、無線の受信装置、蓄電池、モータ、駆動装置などが収められ、指令電波に応じて、会場内の水槽を自由自在に動き回ることができました。同様の構成を持つ現代の惑星探査機は、惑星探査ロボットと呼ばれているので、このボートもロボットと呼ばれておかしくはないでしょう。

のちにテスラはこうした技術を一括して「テロートマティックス telautomatics」と命名しました。「遠隔」を意味する「テレ tele」と「自動機械」を意味する「オートマティック automatic」を合成した造語です。それは文字通り「オートマトン（ロボット）の遠隔制御技術」、すなわち無線操縦ロボットの制御技術にほかなりません。

この技術の鍵の一つは、オペレーターが発する指令電波に対して、一体のオートマトンのみを反応させる技術です。もし一個の電波に複数のオートマトンが反応したり、逆にどのオートマトンも反応しなければ、正しい操作は不可能です。そのために必要なのは電波の選択技術ですが、幸いこれには無線の同調原理が応用できました。テスラはそのための長波の使用や、個人ステーション用の周波数割当てにまで言及しています。

つねに未来へ未来へと向かうテスラの想像力は、オートマトンが知能を獲得する可能性さえ視野に収めていました。

◎知能ロボット

私が目指しているのは、現在はいかに不可能に見えても、「自分の知性」を持つオートマトンをつくりだすことである。これが実現すれば、オートマトンがオペレーターから完全に独立し、感覚器官を刺激する外部の作用に反応して、あたかも知性を有するかのごとく多種多様な行動ができるようになるはずだ。

このオートマトンは予め定められたコースを追跡するか、かなり以前に与えられた命令に従い、なすべきこと、なすべきでないことを識別、経験でき、言いかえれば、その後の行動を左右する影響を記憶することも可能だ。実際、私はそのような計画をすでに考えている。（一九〇〇年）

Nikola Tesla, *Problem of increasing human energy*, 1900.

現在は人手に頼っている無数の活動を、オートマトンが分担するようになるだろう。今現在、アメリカの大学研究所の科学者たちは、いわゆる「思考機械」の製作に挑戦している。その発展が楽しみだ。

私は実際に「ロボット」を製作したことがある。今日ではロボットは異論の余地がない事実となっているが、その原理は充分に発展させられてこなかった。二一世紀には、古代文明の奴隷労働をロボットが肩代わりする時代がきっとやってくる。（一九三五年）

Nikola Tesla, as told to George Sylvester Viereck, *Liberty magazine*, February 9, 1935.

【解説】

テスラは一世紀以上前に、知能ロボット（認識や判断能力を備え、行動決定できるロボット）が備えるべき要件を驚くほど正確に言い当てていました。

現代のロボット工学者によれば、知能ロボットに必要な機能は次の三つです。すなわち、作業や移動するための車輪や手足の機能（「動作機能」）、脳の役目をはたす「人工知能」、周囲の状況を知覚するための目や耳の機能、すなわち「センサー」です。これはテスラのいう移動器官、指令器官、感覚器官にそのままあてはまります。ロボットという用語さえなかった時代に、これほど正確にロボットの未来像を描けたのは不思議です。

それからすでに一世紀以上たちましたが、彼が描いた知能ロボットはまだ実現していません。現在、極限作業などに利用されているロボットは、頭脳の部分を人間の判断機能や認識機能に頼る「遠隔制御型」ロボットです。とはいえ、近年のＡＩ（人工知能）のめざましい発達によって、救助、警備、家事、介護など幅広い分野で、自ら認識し、判断する知能ロボットが活躍する日は間近に迫っています。

現代の戦場でもすでに戦闘ロボットと呼べる無線操縦や自律型の攻撃用ドローンが使用されていま

すが、攻撃対象は敵のドローンや兵器ではなく、建物や非戦闘員を含む人間なので、機械のコンテストとはいいがたいでしょう。

では、いずれロボット同士が戦う未来が到来するのでしょうか。それはわかりませんが、そうなれば今度は、彼らが意志を持って人間に氾濫する恐怖も否定できないでしょう。ですからテスラの意見に反するようですが、戦闘ロボットが最善の解決策にはならないと思えるのですが。

◎われはロボット

私は自分が動くすべを与えられ、感覚器官への刺激に反応して考えたり、行動するだけのオートマトンであるという絶対的な満足をえるために、思考と行動のすべてにおいてそうなりきろうと、日々とことん実行した……。

こうした体験によってはるか昔に、外部刺激に対する私自身の反応を再現したものであるが、もちろんはるかに原始的な方法で刺激に反応するオートマトンの製作を着想したのは、まったく自然なことだった。（一九〇〇年）

Nikola Tesla, *Problem of increasing human energy*, 1900.

ここでテスラは自分がロボット開発に携わった理由を、その精神的傾向とからめて冷静に分析しています。

【解説】

すでに見た通り、テスラは幼少期から絶えずリアルなイメージにつきまとわれ、現実と幻覚の境があいまいになる経験をしてきました。この混乱を克服するため、彼はイメージが浮かぶたびに、その起源を辿るのが日課のようになりました。そしてあるときふと気づいたのです。このイメージは、過去に見た事物や風景の印象ではないのか、と。つまり今自分が見ている映像は、過去の印象によって見させられているにすぎないのだ、と。

そう理解した彼は、さらに推論を進めていきました。とすれば、これは思考にもあてはまるのではないか。自分の考えも、自発的なものではなく、単に外部の印象によってそう考えさせられているだけではないのか。たどり着いたのは、自分のなかに意志はなく、思考や行動は外部の諸条件の結果にすぎないという結論でした。

つまり自分はそうした条件によって操られる肉の機械、オートマトンにすぎないのだ。これがテスラが生涯を通じてとりつかれた観念でした。現代の精神病理学者なら統合失調症に特有の「させられ体験」の一種と見るかもしれないこの観念によって、彼は不条理な環境を飼いならし、精神的安定を図ったのかもしれません。

哲学者ならここから機械論的哲学を展開するのでしょうが、発明家であるテスラはそれを次のようなアイデアに結びつけていきました。

自分が「肉の機械」なら、自分にできることは、「木や鉄の機械」にもできるはずだ。これが彼のオートマトン発想の原点でした。自分自身を機械として客観視する視点が、新たな発明のヒントになったわけです。

ロボットという格好のテーマを前に、テスラの想像力はどこまでも高く羽ばたきました。自らの手では実現できませんでしたが、そのアイデアはSF作家や技術者の想像力を刺激し、ニューヨーク万博にウェスティングハウス社が出品したロボットなどを通じて、現在のロボット工学に直結しています。

次にあげる自動運転技術の提案も、こうしたアイデアの延長上に位置づけてよいでしょう。

◎自動運転技術

最終的にめざすのは独自の知性を持つかのように振る舞うオートマトンの製作であり、その出現は革命をもたらすだろう。早くも一八九八年には、判断力のようなものが必要なさまざまな自動運転自動車を製造、公開するよう大手製造会社の代表に提案した。しかしながら当時は非現実的な提案と見なされて、空振りに終わったのだった。（一九一九年）

Nikola Tesla, *My Inventions, Electrical Experimenter*, 1919.

【解説】

テスラはオートマトンの原理をもとに、今話題の自動運転を百年以上前に提案していました。「オペレーターから完全に独立し、感覚器官を通じて外部の作用に反応し、あたかも知性を有するかのごとく非常に多様な行動を実行」するオートマトンを自動車に置き換えれば、自動運転車の完成というわけです。

テスラはこうしたオートマトン自動車のエネルギーは無線で供給されると考えていました。現在、IT機器や電気自動車の充電用に開発が進んでいるワイヤレス給電に近い発想ですが、彼の場合はエネルギーは貯蔵されるだけでなく、走行中に常時供給されるものと考えていたようです。

せんじつめれば、テスラの自動車は無線エネルギーで、自動運転される電気自動車ということになります。前述の垂直離着陸機フリーバーと組み合わせれば空を飛ぶことも可能でしょう。まさに現時点の未来カーを予見していたようで、その想像力には目を見張ります。

二一世紀、そんなテスラの夢のひとつを実現しようとする起業家があらわれました。シリコンバレーの風雲児、イーロン・マスクです。マスクといえば、世界的電気自動車メーカー、テスラ・モーターズのCEOで、最先端のロケットから、太陽光発電、超高速鉄道まで手掛けるマルチ起業家として名を馳せています。自動運転にも熱心に取り組み、テスラ社の市販車に自動運転機能対応のハードウェアを搭載し、完全自動運転の実用化をめざしています。

イーロンがテスラを尊敬し、その名を電気自動車メーカーの社名に採用したことはよく知られています。自動運転の実用化にはまだ問題が山積していますが、そんな天才企業家が先達の夢をつないでいるのを見るのはうれしいですね。

◎無線誘導の魚雷潜水艦

魚雷を搭載した私の潜水艦は、防護された湾内から発進するか、舷側越しに降ろされるかして、海面下を巧妙に通り抜け、機雷が敷設された危険な海峡を抜け、防護された港に侵入して、停泊中の艦隊を攻撃したり、外海に出て獲物を求めて巡航し、いざというときに突進したりする。必要なら一〇〇フィートの距離を急浮上し、致命的兵器を発射して、味方の元まで戻ってくる。

さらに、こうした驚異的進化の一部始終が、遠方の岬か、船体が水平線下で敵から見えない軍艦の人間によって、素早く完璧に制御されるだろう。（一八九八年）

Nikola Tesla, *My Submarine Destroyer, New York Journal* November 13th, 1898.

【解説】

自らの思考と肉体への省察を通じて「テロートマティックス」という斬新な技術概念に到達したテスラは、その兵器への応用も提案しました。

一八九八年一一月、この年の四月に起きた米西戦争（アメリカとスペインとの戦争）の攻撃兵器として、無人潜水艦の体当たり作戦を提案したのです。潜水艦はそれぞれ六本の魚雷を搭載し、無線操縦で海上・海中を自由に航行し、最後に急浮上して敵艦めがけて突進します。それを六隻集めた魚雷艦隊を編成すれば、敵艦隊を一時間以内に殲滅できるというのです。テスラによれば建造費用は五万ドル程度に収まるはずでした。

その翌月、彼はニューヨークのマディソン・スクェア・ガーデンで、提案の技術的可能性を示す公開実験をおこないます。しかしその小さなボートを画期的な兵器と結びつけられた者は、当の発明家を除いてはいませんでした。

◎無線誘導ミサイル

……現在は支持翼、補助翼、プロペラなどの外部装置を持たない飛行機械を計画中だが、これは驚異的なスピードを誇り、近い将来強力な平和論を提供しそうである。反動力だけで持続飛行するこの航空機は、機械的エネルギー、すなわち無線エネルギーによって制御される。適当な装備を施せば、こうしたミサイルを空中に発射し、数千マイル離れた目標地点にほぼ正確に落下させることも夢ではない。（一九一九年）

Nikola Tesla, *My Inventions*, *Electrical Experimenter*, 1919.

テロートマティックス技術という自動機械の遠隔制御技術は、未来の戦争、恐らくは次の段階の戦争において非常に重要な役割を果たすだろう。あたかも知性を授けられたかのように行動するこうした装置は、防御はもちろん、あらゆる攻撃手段に使用されるようになる。飛行機、気球、自動車、水上艇、潜水艇など個々の要求に応じていかなる形態も取れ、現行の手段より広範囲かつ強大な破壊力を発揮するに違いない。

私はテロートマティックの空中魚雷が、現在主流の大型重砲を時代遅れにすると信じている。

……（一九一五年）

The Wonder World to Be Created by Electricity. YManufacturer's Record, September 9, 1915

【解説】

無線魚雷に続いてテスラが提案したテロートマティック兵器は、第一次世界大戦勃発後の一九一五年に明らかにされた航空機への応用でした。

前述のように、この航空機は翼もプロペラも持たず、電気的な反動力で高速飛行することが可能でした。エネルギーは無線で供給され、無線誘導で「数千マイル先の目標地点に狙いどおり落下させ」られます。この記述から誰でも連想するのは現代の誘導ミサイルでしょう。

よく知られているように、世界最初の弾道ミサイルは第二次世界大戦中にナチス・ドイツが開発したV2号です。液体燃料ロケットを動力とするこのミサイルは、大戦末期にベルギーやイギリスに向けて発射され、数百キロの距離を高速で飛翔して着弾、甚大な被害をもたらしました。

大戦後、ミサイルは火器の大砲や銃、運搬手段の戦闘機や爆撃機に代わる最終兵器として、世界中で開発が進められました。対空、対艦、対潜、対地、巡航、あらゆる種類のミサイルが開発され、世界中の軍隊に配備されるようになりました。

その正確で強大な破壊力がもたらす恐怖は、今も私たちの頭上にあるのです。

◎人工地震装置

私が実施したのは振動実験だった。装置のひとつを稼働させ、建物の振動と同調させられるかどうか知ろうとしたのである。梁に刻んだ切込みの間に装置を順に押し込んでいくと、なにかが割れるような特有の音が聞こえた。助手たちに音源のありかをたずねたが、わからなかった。次いで数段高い切込みに装置を移動させた。すると、いっそう大きな音がして、鉄筋ビルの振動が近づいてくるのがわかった。さらに高い切込みに押し込む。

突然、設置されていた大型機械が床を飛び回った。私はハンマーをつかんで装置をたたき壊した。すんでのところで建物を崩壊させてしまうところだった。表の通りは大騒ぎだった。警察と救急車がやってきた。私は助手に口止めする一方、警察には地震だったのではないかと伝えた。彼らが理解したのはそれだけだった。（一九三五年）

Nikola Tesla, at 79, Uses Earth to Transmit Signals: Expects to Have $100,000,000 within Two Years, New York World Telegram, July 11, 1935.

◎地球二分割破壊法

地球の振動周期はおよそ一時間四九分である。言い換えれば、この瞬間に地球を打撃すると、地球を通過した収縮波は、一時間四九分後に増幅波として返ってくるだろう。実際、地球はすべての物と同様つねに振動している。それは絶えず収縮、拡大しているのである。これが収縮波に転じるまさにその瞬間に、大量の爆薬を爆発させたとしたら、それは収縮波を増幅させ、一時間四九分後に同じように増幅波を返してくる。増幅波が衰退したら、さらに大量の爆薬を爆発させる。これを繰り返したとすれば、その結果は疑う余地がない。間違いなく、地球はまっぷたつになる。（一九一二年）

A. L. Benson, *The World Today*, Vol. XXI, No.8, February 1912.

【解説】

テスラの回想によれば、その事件が起こったのは一八九八年のとある朝（正確な日付は不明）のことでした。彼は研究所の建物を貫く鉄柱に機械振動子と呼ばれる小型の振動装置を取り付けました。この装置はシリンダーとピストンで構成され、蒸気で駆動されます。これを使って機械的振動の実験をおこなおうとしたのです。

当時、テスラは機械的振動に興味を持ち、通信手段に応用できないかと考えていました。地球を媒体として伝達される波動は、距離による減衰が少なく、大気の条件にも妨げられません。もしこの振動にメッセージを載せて送信できれば、小型の装置でどこでも受信可能になるだろうと考えたのです。テスラは簡単な実証実験もし、機械的振動を一〇キロの距離に送信したと主張しました。

テスラはのちにこれを発展させて、「遠隔地球力学（テレジオダイナミックス）」という新理論を提唱しました。その研究対象は地球の物理定数を決定し、地球を媒体として機械的振動を送受信する技術の探究です。この朝の実験もその一環でした。

振動子を稼働させて間もなく、所内の装置が次々と振動し、激しく揺れ始めました。これはいつも通り共振が進んでいる証拠と見て、そのまま実験を続行しました。

ところがこの朝は状況がいつもと違っていたのです。振動が起こったのは、研究所の建物だけではありませんでした。その周辺一帯が激しい揺れに襲われたのです。地震と間違えた住民たちが次々に通りに飛び出してきました。

同じ頃、研究所近くの警官本署も大きな揺れに見舞われました。これはきっと、日頃から怪しい実験ばかりしているテスラの仕業にちがいない。そう決めつけた警官たちは現場に急行しました。しかし研究所に踏み込んだ瞬間、激しい揺れは嘘のように収まりました。

部屋の中央に立った発明家は、警官を見るとハンマーを置いてこう言ったそうです。
「諸君、たいへんにもうしわけないが、私の実験を目撃するには遅すぎたようですな」
テスラはこのときまだ、周囲を襲った地震騒動に気づいていませんでした。しかも警官が飛び込んで来たのはハンマーで振動子を打ち砕いた直後だったので、訪問理由がわからなかったのです。

事件後、この出来事をつぶさに検討したテスラは、研究所の周囲よりも、遠方の警察本署で揺れが激しかった理由は共振にあると考えました。震源から周囲に振動が伝わる途中、警察署の建物という共振源に出会い、振動が増幅されたというのです。

テスラは後日、建築中のビルでも同様の実験をおこなったと主張しています。ビルの梁にひそかに振動子を取付けて稼働させると、振動は次第に大きくなり、あやうく骨組みを破壊するところだったとか。

この経験から類推をふくらませたテスラは、共振を地球的規模にまで拡大すれば、地球をりんごのようにまっぷたつにできると主張しました。これが、のちに人工地震兵器の都市伝説に発展したテスラの「地球二分割破壊法」というわけです。

◎気象コントロール

大気中の水蒸気の降水量を完璧な制御下に置く時代は間近に迫っている。今後は大洋から無尽蔵の水を引き出してほしいだけのエネルギーを開発し、灌漑と集約農業によって地球を完全に様変わりさせることが可能になるだろう。電気という媒介を通した人類の偉業はまさに想像を絶する。（一九一五年）

Nikola Tesla, *The Wonder World to Be Created by Electricity, Manufacturer's Record*. September 9, 1915.

【解説】

殺人光線や人工地震兵器と並ぶテスラのオカルト的伝説のひとつに、気象制御兵器があります。無線エネルギーを利用して大気の状態に変更を加え、ハリケーンや竜巻、集中豪雨などを自在に起こして、敵国に損害を与えるというものです。

兵器としての使用はともかく、テスラが気象制御の可能性を信じていたことは明らかです。それを確信させたのはコロラドスプリングスの実験中に遭遇したある現象でした。

ある霧の濃い日、テスラが装置に電流を通じると、室内の空気が見る見る深い霧に変わっていきました。研究所は閉め切っていたので、外の霧が流れ込んできたわけではありません。装置の稼働によって霧が作り出されたのです。

霧はますます深く濃く、ついには目の前にある自分の腕が見えなくなるほどになりました。この発見をテスラは砂漠への水の移送手段に利用しようと考えました。海の水を霧にして乾燥地域に送れば、電力にも潅漑用にも使えると考えたのです。

こうしたアイデアの原点に、稲妻と降雨の関係について考察した若い頃の体験があることはあらためて指摘するまでもないでしょう。

◎難攻不落の力の壁

破壊的な戦争が抑止力につながる。発明家の例に漏れず、私もそう信じていた時期があった。これは間違いだった。人間の闘争本能を見くびっていたのである。この本能を取り除くには一世紀以上かかるだろう。

戦争を不法化しても、抑止にはつながらない。強者の武装解除も同様である。強者を弱者に変えるのではなく、強弱を問わずあらゆる国家が防衛可能になることで、はじめて戦争は抑止可能になる。

従来の防衛装置はすべて攻撃にも利用しうるものだった。そのせいで平和をめざす改良は無駄に終わってきたが、さいわい私は新しいアイデアを発展させて、防衛専門の手段を完成させることができた。これが採用されれば、国家間の関係に革命がもたらされる。大小を問わずどの国家も、軍隊や航空機などの攻撃手段に対して難攻不落となるだろう。

私の発明は大規模な工場設備が必要だが、ひとたび設置されれば、半径二〇〇マイル以内に接近するものは、人であれ機械であれ、ことごとく破壊しつくすだろう。この装置はあらゆる効果的攻撃に対して無敵となる力の壁をもたらすのである。（一九三五年）

Nikola Tesla as told to George Sylvester Viereck, *A Machine to End War*, *Liberty*, February 1935.

◎粒子ビーム兵器

私の装置は比較的大きな粒子、または顕微鏡次元の微粒子を投射して、はるか遠く離れた狭小な面積に光線エネルギーの何兆倍ものエネルギーを搬送することができる。かくして髪の毛より細い流れによって何千馬力ものエネルギーが転送されるので、何者もこれには抵抗できない。

……

世界が私からの贈り物を受け取る前に破壊的戦争が何度か起きないとも限らない。私はこの装置の授与を見ずに死ぬかも知れない。しかし今から一世紀後には、国という国が私の装置か、同様の原理に基づく装置によって、攻撃の影響を受けなくなると確信している。（一九三五年）

Nikola Tesla as told to George Sylvester Viereck, *A Machine to End War, Liberty*, February 1935.

【解説】

イギリスの科学者が飛行機を一瞬で撃ち落とす殺人光線を発明した。こんなニュースが世界を駆け巡ったのは、第一次世界大戦終結から六年後のことでした。続いてドイツ、ロシア、アメリカからも同様の発表がもたらされました。これに対して異論を唱えたのが、コロラドスプリングスの地方紙でした。

記事は、殺人光線の真の発明者は二五年前に当地で実験をおこなったニコラ・テスラ博士だと主張するものでした。この際、当の発明家は沈黙を守りましたが、一〇年後、新聞紙上で殺人光線につながる構想を発表しました。

それは、国の大小に関係なくあらゆる国を難攻不落にする放射能発生機でした。完成すれば、二〇〇マイル以内に接近するものはことごとく破壊することで、すべての攻撃をはねつける力の壁にもなると主張したのです。

発表を受けて新聞各紙があのテスラが殺人光線を研究中と書き立てました。しかし当人はそれが光線兵器であることは否定しました。光線は遠距離になると拡散してしまい、初期のエネルギーを維持できないからです。

現代の研究者もそれを光線兵器とは見なしてはいません。彼らがテスラのことばから読み取っているのは荷電粒子を利用したエネルギー兵器です。

荷電粒子兵器とは、電子、陽子、イオンなどの粒子を粒子加速器によって超高速に加速して放射、目標を破壊する兵器です。一九八〇年代にロナルド・レーガン米大統領が提唱したSDI（戦略防衛構想）で、ミサイルの迎撃手段として提案されましたが、実現はしませんでした。テスラの構想はこれを先取りしたものだというのです。

この防御兵器の構想がオカルト伝説になったのが、いわゆる「テスラシールド」です。

このようにテスラは晩年にかけて、さまざまな兵器のアイデアを発表しました。しかし余りに先進的、空想的だったため、ほとんどがアイデア倒れに終わってしまいました。

兵器の提案といっても、テスラは決して兵器マニアだったわけでも、好戦論者だったわけでもありません。むしろ徹底した平和論者であったことは、後出の平和への提言を見ればわかります。彼の兵器は戦争を一刻も早く終結させ、犠牲者をなくす、あるいは少しでも減らすためにこそ考えられたものだったのです。

第五章

エネルギーなどについて

◎風力

実際のところ、波力モーターや潮汐力モーターが風車と商業的に張り合う機会は少ない。風車のほうがはるかに優れ、より単純な装置で大量のエネルギーを獲得できるからである。（一九〇〇年）

Nikola Tesla, *Problem of increasing human energy*,1900.

風力は古くは、航海に役立つというだけで計り知れない価値をもっていた。それは今も旅行や輸送の非常に大切な要素である。けれどもこの理想的に単純な太陽エネルギー利用法にも大きな限界がある。所定の出力確保のためには機械の大型化が必要だし、力が断続的になるのでエネルギー貯蔵が不可欠になる。これらが設備コストを増大させるのである。（一九〇〇年）

Nikola Tesla, *Problem of increasing human energy*,1900.

◎太陽光

太陽光線の利用は力を得るにはもってこいの方法だろう。それは絶え間なく地球に降り注ぎ、一平方マイル当たり最大四〇〇万馬力以上のエネルギーを供給する。年間の平均受容エネルギーはどの地域でも全体のほんの一部にすぎないが、それでも光線エネルギーの効率的な利用法が発

見されれば、無尽蔵な力の資源が開発される可能性がある。（一九〇〇年）

Nikola Tesla, *Problem of increasing human energy*, 1900.

【解説】

早くから自然エネルギーの利用について考えていたテスラが、強く推奨したのは風力でした。風力は昔ながらの風車を利用するだけで、簡単に、効率よくエネルギーを取り出せるというのです。

次いで、可能性があるとしたのは太陽光でした。一八九〇年代からその利用研究に着手したテスラが最初に考えたのは、熱エンジンか熱力学エンジンの利用でした。この種のエンジンは、光線の熱でボイラー内の揮発性液体を蒸発させ、その蒸気によって駆動する蒸気タービンが一般的です。

しかし研究の結果、太陽光のエネルギー量は膨大でも、実際に利用できるのはごく一部にすぎないとわかりました。さらに、太陽の供給エネルギーは昼夜、天候などにより周期的、断続的にならざるをえないため、風車と同じ貯蔵の問題が生じます。

必要なボイラーの大きさ、熱エンジンの効率、貯蔵コストなどを吟味した結果、テスラはわずかな例外を除いて「ソーラーエンジン」の工業利用は不可能だという結論を下したのでした。

◎地熱

原料を消費せずに媒体から動力を得るもうひとつの方法が、地球、水、空気に含まれる熱をエンジン駆動に利用することだろう。

よく知られているように、地球内部は猛烈に熱い。観測によれば、その温度は中心に向かって一〇〇フィート（約三〇メートル）進むごとに、およそ摂氏一度上昇する。摂氏約一二〇度の温度増加に対応しながら立て坑を打ち込み、ボイラーを三六〇〇メートルくらいの深さに設置することは不可能ではない。これによって地球の内部熱が確実に利用できるようになる。

要するに貯蔵された地熱からエネルギーを得るためには、深部に到達することは必須条件ではないのである。（一九〇〇年）

Nikola Tesla, *Problem of increasing human energy*, 1900.

◎宇宙エネルギー

エネルギーは宇宙に充満している。果たしてそれは静的なものか、動的なものか？　静的なものであれば、期待しても無駄だ。もし動的なものであれば（そうであることは確実だが）人間がその自然の歯車に機械を設置できるのもそう遠くない。（一八九二年）

Nikola Tesla, *Experiments with Alternate Currents of High Potential and High Frequency, delivered before the Institution of Electrical Engineers*, London, February 1892.

宇宙線を利用して動力装置を稼働させたことがあった。宇宙線研究は私にとって非常に身近なテーマである。この手の放射線の第一発見者が私だったので、自ずと身内のような親しみを感じるのだ。

宇宙線理論の研究が進むにつれ、それが完全に正当なものであることがわかってきた。

（一九三二年）

Nikola Tesla, *Nikola Tesla's Radiant Energy System, Brooklyn Eagle,* 10 July, 1932.

◎原子力について

私が発見した物理的真理によれば、原子構造内には利用可能なエネルギーは存在しない。たとえなにがしかあったところで、その入力は常に出力を大きく上回り、解放エネルギーの有益な実用化を不可能にするのである。

（一九三七年）

Prior to interviews with the press on his 81st birthday observance, July 10, 1937.

原子力のアイデアは錯覚であるにもかかわらず、人々の心を強力にとらえている。私は二五年間にわたって反論してきたけれども、いまだに実現可能と信じている者がいる。（一九三七年）

Prior to interviews with the press on his 81st birthday observance. July 10, 1937.

【解説】

テスラは二〇世紀の代表的な物理理論のうち、相対性理論には終始反対しましたが、量子力学には比較的好意的でした。その背景には、自分がその発展に貢献したという自負があったのかもしれません。彼が開拓した高電圧工学は、初期の粒子加速器の基礎技術となり、原子の実験的研究に大きく貢献したからです。

「原子物理学の父」アーネスト・ラザフォードは大学時代、テスラに刺激を受けてテスラコイルを用いた高周波の実験をおこないました。その後、原子物理の世界に転じて、原子核の破壊実験に成功、加速器による人工的な粒子破壊実験に道を開きました。ほかにもロバート・ミリカン、アーサー・G・コンプトンなど、テスラの実験に刺激を受けたり、彼の装置を利用した著名な科学者は少なくありません。

ただしテスラ自身は原子エネルギーの利用には終始否定的でした。彼は高電圧装置による原子の破壊実験を引き合いに出して、そうした試みは無意味だと批判しました。原子エネルギーの利用はエネルギー取り出しに失敗するか、たとえ取り出せても、解放に要するエネルギーに比べて小さすぎて、実用にはならないというのです。

当時、核分裂の連鎖反応は未発見でした。連鎖反応とは、ウラン２３５などの原子核が次々と中性子を放出しながら、連続して分裂する反応のことです。一九三九年にレオ・シラードらによって可能性が明らかにされました。この発見がなければ、テスラの主張どおり原子エネルギーの利用は永遠に不可能だったでしょう。

連鎖反応の発見による原子エネルギーの解放が核爆弾という悲劇的なかたちで実現したのは、テスラの死から二年七ヵ月後のことでした。

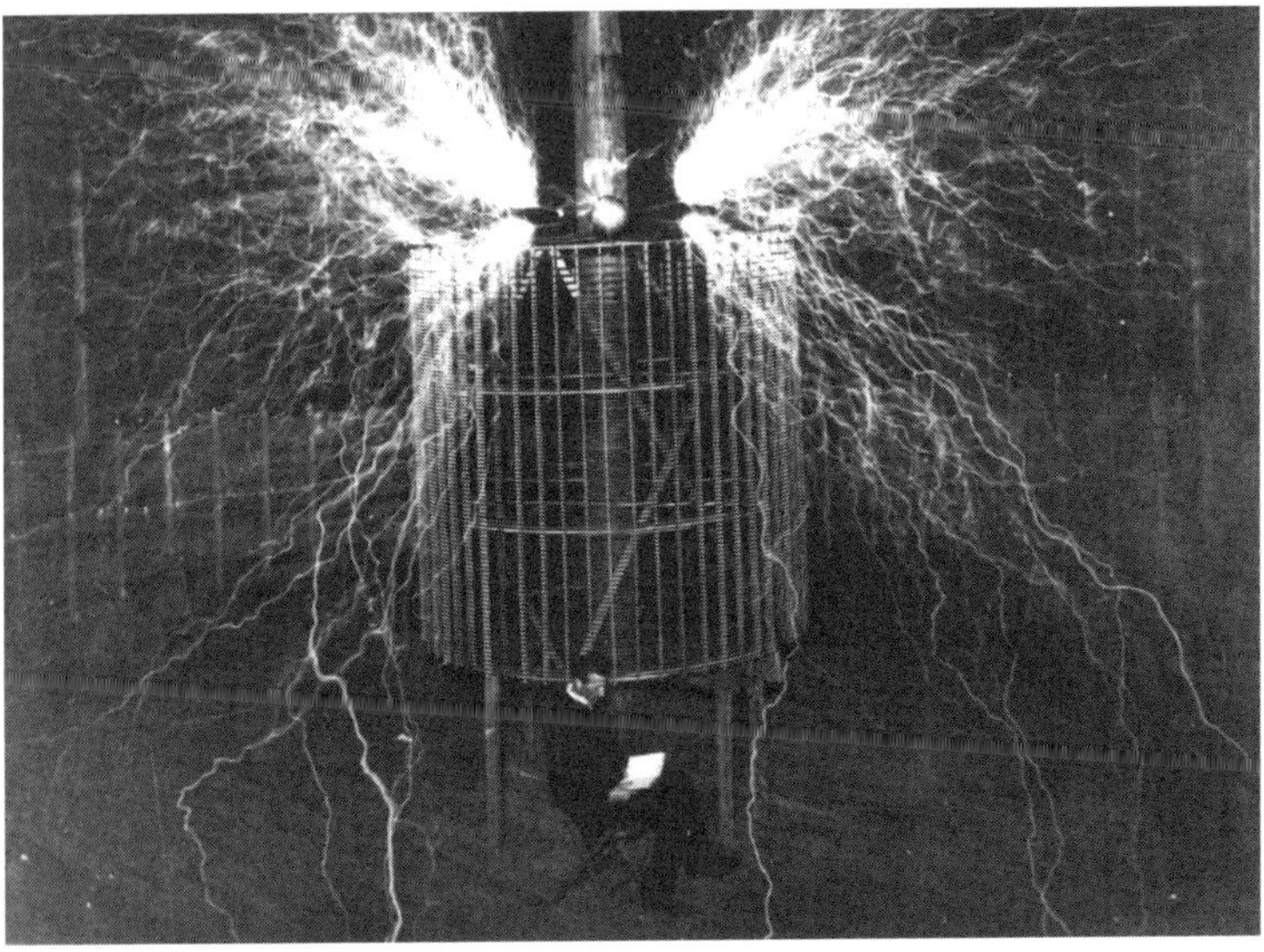

コロラドスプリングスで放電実験をするテスラ

第六章

科学について

◎科学者の仕事

科学者が目指すのは直接的な結果ではない。彼らは自分たちの高度なアイデアが簡単に採り上げられるとは考えていない。科学者の仕事は未来のために種を蒔くようなものだ。その使命は、来るべき人々のために基礎を築き、行く手を指し示すことなのである。（一九三四年）

Radio Power Will Revolutionize the World, Modern Mechanics and Inventions, July 1934.

◎知れば知るほど

逆説的だが真実なのは、知れば知るほど絶対的な意味で無知になるということである。人は悟りを通してしか、その限界に気づけない。もっと正確に言えば、知的進化の最も喜ばしい成果のひとつは、これまでにない展望が次々に開かれていくことなのである。（一九一五年）

Nikola Tesla, *The Wonder World Created by Electricity, Manufacture's Reccrd*, September 9, 1915.

◎深さと明晰さ

現代の科学者は明晰に考える代わりに、徹底的に考える。明晰に考えるためには正気でなければならないが、徹底的に考えた末に、すっかり正気を失うこともないではない。（一九三四年）

Modern Mechanics and Inventions. July, 1934.

【解説】

前二つのことばは比較的わかりやすいでしょう。科学者の仕事は、真理をめざす絶えざる探究の努力にあるということです。一方、最後のことばの解釈はむずかしく、適切に説明できる自信はありません。次の説明はひとつの解釈としてお読みください。

二〇世紀の戦争において、政治家や軍事関係者と並んで主要な役割を果たしたのは科学者でした。第一次世界大戦では航空機、タンク、毒ガス、第二次世界大戦では原子爆弾、ミサイル、レーダーなどの新兵器が開発・使用されましたが、科学者たちはその開発に動員され、あるいは積極的に協力したからです。

第一次世界大戦で、ドイツの大化学者フリッツ・ハーバーが毒ガス開発で主導的な役割を果たしたことはよく知られています。第二次世界大戦では原爆開発の「マンハッタン計画」に、エンリコ・フェルミ、フォン・ノイマンなど、錚々たる科学者が名を連ねました。自ら進んで大量殺戮兵器の開発に協力したとすれば、彼らはいわゆる「マッドサイエンティスト」とどこが違うのでしょうか。

マッドサイエンティストとはSF小説や映画の人物類型のひとつで、世界征服や世界の破滅を夢想、実行したり、世界の破滅につながる発明を生んでしまう逸脱した科学者のことです。彼らをそうした逸脱に向かわせる動機は、モラルの欠如、社会への憎悪、歪んだ正義感などですが、科学的探究心そのものが動機になる場合もあります。

こうしたマッドサイエンティストのモデルと目されているのが、ニコラ・テスラです。奔放な想像力が生んだ超発明、狷介孤高なイメージ、異端的な発言。これらがメディアによって誇張された結果、マッドサイエンティストのイメージの原型となっていったのです。

たしかに、テスラにはそのような異端的な側面があったことは否定できません。しかし、その本質はあくまでも理想主義的な発明家であり、科学者であったことは、本書に収められた数々の発言からわかるでしょう。

前記の発言も科学者のあくなき探究心が、マッドサイエンティスト的な狂気に陥らぬよう明断に考える（デカルト的な意味で）ことの大切さを説いていると考えるのですが、いかがでしょうか。

◎科学の進歩

科学史によれば理論は不滅ではありえない。新たな真理の扉が開かれるたびに、自然の理解が

深まり、概念や見方が修正されていく。（一九一九年）

The True Wireless, Electrical Experimenter, May 1919.

◎科学と数学

今日の科学者は実験を数学で代用しており、方程式から方程式へとさまよったあげく、現実離れしたシステムを構築しているのである。（一九三四年）

Modern Mechanics and Inventions, July, 1934.

【解説】

テスラが活躍したのは、一九世紀末から二〇世紀初頭にかけてでした。当時の発明家が基本的に頼ったのは経験と勘でした。多くの発明家にとって、科学理論は学ぶ機会がなかったか、学んでもその知識をストレートに発明に繋げようとは考えないものでした。その代表例がエジソンです。

これに対してテスラの場合は、出発点にはいつも科学理論がありました。アンペール、オーム、ファラデー、マクスウェル、ケルビン卿、クルックス、レイリー卿……。こうした偉大な先達による理論的基礎の上に、彼の交流誘導モーター、高周波発生装置、同調回路、放電照明などの発明が花開いたのでした。

科学理論の重要性を理解するテスラは、同時にそれが不変ではないことも理解していました。「理論は不滅ではありえない」。このことばは真理を探究し、常に自らを改変していく科学の本質を突くと同時に、発明家が既存の理論を盲信することの危うさを自戒したものでもあるでしょう。がん免疫療法で二〇一八年のノーベル医学・生理学賞を受賞した本庶佑先生が、「教科書を疑え」と説いているのを思い出させることばでもありますね。

◎X線の研究

頭蓋骨の輪郭は二〇分から四〇分の照射によって簡単に撮影できる。あるときには、多大な犠牲と引き替えに四〇分の照射によって輪郭だけではなく、眼窩、顎骨、頬骨、鼻骨、下顎と上顎との連結部、脊柱と頭蓋骨との連結部、皮膚、さらに髪の毛さえ撮影できた。

頭に強力な放射線をあてることによって、奇妙な効果が起き、眠気を覚えたり、時間が速く過ぎるように感じられた。しかも全体的に鎮静作用があり、頭の上部に温覚を感じた。助手自身も眠気と急速な時間の経過を確認していた。このような異例の作用はもっと鋭い観察眼を持つ人間によって検証されるべきだが、頭蓋骨を貫通する物質流の存在については信じないわけにはいかない。（一八九六年）

The Electrical Review, March 11th, 1896 .

ひどい場合には、皮膚が濃く変色してところどころ黒ずみ、病気の前兆である醜い水泡ができた。皮膚が何枚もめくれて肉が露出し、しばらくは膿がダラダラ出て止まらなかった。焼けつくような痛みや発熱などの症状はいうまでもない。（一八九七年）

The Electrical Review, May5th, 1897.

【解説】

ヨーロッパから電磁波の発見に続く衝撃的な発見がもたらされたのは、一八九六年一月のことでした。ドイツの医学者ウィルヘルム・レントゲンがイギリスの科学誌『ネイチャー』に新種の放射線に関する論文を発表したのです。

発見者がX線と命名したこの未知の放射線は物体を透過する性質がありました。論文にはその放射線で撮影した「手の指の骨」の写真も添えられていました。

このニュースは世界の科学界に激震をもたらしました。探究心旺盛なテスラも、発見の翌年から実験に着手しました。彼にとって有利だったのは、高性能の放電管が手元にあったことに加え、実験記録のため、写真技術の探究にも取り組んでいたことです。

実験に取りかかったテスラは、すぐにX線写真の撮影に成功しました。その写真をレントゲンに送ると、撮影方法の公開を求める丁寧な礼状がとどきました。

研究者によればテスラが真空放電による透過効果を確認したのは、レントゲンの発見以前でした。実験中に偶然、装置のネジの透過写真を撮影していたのです。ですが彼はその観察を未知の放射線発見に結びつけることはできませんでした。

一八九六年春、テスラは『エレクトリカル・レビュー』誌に論文を発表、人間の頭蓋骨を撮影するため、一二メートル離れたX線装置から放射線を四〇分間照射したと主張しました。なんとも乱暴な話ですが、当時は、あのキュリー夫人でさえ放射線被爆に無知だったくらいで、危険性に気づいている科学者は誰もいませんでした。だからこそ、こんな無茶な実験も許されたのでしょう。

とはいえ、テスラもまもなくその危険性を思い知ることになります。一八九七年に発表した論文中で、間歇的に襲ってくる強烈な眠気と、放射線を浴びている間、時間の経過が速まるような感覚を報告していますが、その副作用の恐ろしさが身にしみたのは、研究所の助手に降りかかった前記の被爆事故でした。この悲惨な事故を経験したテスラは、自らの体験も含めて発表、放射線被爆に誰も気づいていない間にその危険性について警告したのでした。

◎アルキメデス

理想はアルキメデスである。私は芸術家の作品を称賛するが、私見によれば、それらは影であり、見せかけにすぎない。発明家は世界に誰にでもわかる創造をもたらす。それらは生きて、役立つのである。（一九一五年）

Nikola Tesla, *Some Personal Recollections*, *Scientific American*, June 5, 1915.

【解説】

古代ギリシャの科学者アルキメデスが、入浴中に浮力に関するアルキメデスの原理を発見し、「エウレーカ、エウレーカ（発見した、発見した）」と叫んだというエピソードは有名です。彼は数学、物理学、技術に通じた天才で、幾何学では、円周率の値が 220/70 と 223/71 の間にあることを明らかにし、幾何学の「取り尽くし法」を用いて曲線で囲まれた図形や曲面の面積を計算しました。

軍事技術にも優れ、ローマとカルタゴの間の第二次ポエニ戦争では、祖国シラクサのために反射鏡や起重機、投石器などの新兵器を考案して、ローマ軍を苦しめました。

アルキメデスは科学の向上には理論と実際の結合が重要だと考え、それを実践した人でした。科学と技術の融合によって、人々に役立つ発明をめざすテスラが、彼を理想としたのはよく理解できます。

アルキメデスでは、「私に支点と充分な長さのてこを与えてくれれば、地球を動かしてみせる」と言ったという逸話も有名です。テスラは若い頃、赤道周囲の宇宙空間に建設したリングによる高速移動システムを構想したことがありました。リングの静止方法さえ発見できれば、地球は時速一七〇〇キロで自転しているので、一日で地球一周が可能だというのです。

この壮大な計画の最大の難関は、いうまでもなくリングの静止方法でした。問題を自覚していたテスラはのちに、自分はアルキメデスと同じ苦境に立たされたのだと述懐しています。

◎アインシュタイン

アインシュタインは数年かけて宇宙のメカニズムを説明する公式を発展させてきた。この際、彼は重要な要素、すなわちいくつかの天体は太陽からの距離を増大させているという事実を見落とした。これはビジネスの手紙を書きながら、書きたい主題を忘れたのと同じである。この現象を説明するためにアインシュタインは宇宙定数「Λ（ラムダ）」をでっちあげた。

私の重力理論はこの現象を完璧に説明するものである。（一九三二年）

Nikola Tesla, Pioneer Radio Engineer Gives Views On Power, New York Herald Tribune, September 11, 1932.

【解説】

テスラはアインシュタインの理論に最後まで反対し続けました。その理由は若い頃から身につけてきた揺るぎない物質観にありました。

テスラがグラーツやプラハで学んだ一八七〇年代は、ニュートン以来の古典物理学が最後の輝きを見せた時代といわれています。そんな時代に、若き学徒はニュートンやラグランジュで力学を学び、ファラデーやマクスウェルで、電気学を学んだのです。

古典物理学の時代を支えた物質観は「エーテル」理論でした。

エーテルは、もともとニュートンの絶対空間において、万有引力が作用するための媒質として考えだされた概念です。宇宙に充満する希薄な物質とされ、のちには光や電気、磁気を伝える媒質とも見なされるようになりました。

一般に波動は媒質の振動によって伝えられます。海の波は海水の振動によって、音波は空気の振動によって。したがって空気のない真空中では音は伝わりませんが、同じ波である光は真空中でも伝わります。では、真空中で光の波を伝える媒質はなにか。このとき持ち出された物質がエーテルだったのです。

古典物理学の全盛時代には、エーテルの存在を疑う者は皆無でしたが、一八八七年、マイケルソンとモーリーによる光速度の測定実験によって観測的に否定され、アインシュタインの「特殊相対性理論」によって最終的に命脈を断たれてしまいました。

アインシュタインは一九〇五年、ニュートン力学とマクスウェルの電磁気学を統一する「特殊相対性理論」を発表、続いて一九一五年には、それを重力理論に拡張した「一般相対性理論」を発表しました。

絶対的なのはエーテルの充満する空間ではなく、光速度である。このパラダイム変換により、エーテルの存在はもはや不要になったのです。

しかし古典物理学に依拠してきたテスラにとって、この転換は到底認めがたいものでした。彼にとって電波とは、あくまでもエーテル空間を伝播する波動でなければならなかったのです。

アインシュタインは自分の理論を充分に理解していないので、いずれ誤りを認めざるをえなくなる。その証拠に、宇宙が最終的に不変（膨張も収縮もしない）である可能性を維持するため、「宇宙項」を導入したではないか。こう批判しながら一般相対性理論に代わる重力のダイナミック理論を独自に樹立しようとしましたが、結局果たせませんでした。

※テスラが批判したアインシュタインの「ラムダ」とは宇宙項の係数で、宇宙定数と呼ばれています。

※アインシュタインはのちに宇宙の膨張が発見されたことで、宇宙項を過ちだったとして撤回しました。

◎ウィリアム・クルックス

少なくともこの名は挙げなければなりません。……かつて作られた最上の発明に結びつく名前、

クルックスの名です。それは私の進歩の起源だと信じています。（一八九二年）

Lecture delivered before the Institute of Electrical Engineers, London, February, 1892.

その二、三ヵ月前、親しくなったばかりのウィリアム・クルックス卿とロンドンで同席した折り、心霊主義について議論した私は、心霊主義的な考えに完全に支配されていた。他の者の口から出たことばなら聞き流したかもしれないが、学生時代に読んだ放射に関する卿の画期的な著作が電気の仕事につくきっかけを与えてくれただけに、その議論は受け入れやすかったのである。（一九一九年）

Nikola Tesla, My Inventions, Electrical Experimenter, 1919.

【解説】

ウィリアム・クルックス卿は一九世紀末に活躍したイギリスの物理学者です。クルックス管と呼ばれる以前より真空度の高い放電管を発明し、これを用いて陰極線は帯電した微粒子からなることを明らかにしました。

彼はまた、ロンドンで大流行した心霊主義に傾倒し、科学者の立場で霊媒の能力を支持したことでも知られています。テスラは一八九二年のロンドン講演の折にこの先輩科学者と出会い、心霊主義について語り合ったと書き記しています。テスラが心霊主義についてどのように考えていたかは、「科学と心霊現象」の項で彼のことばとともに紹介します。

無線電球を持つテスラ
（1919年頃、60代半ば）

第七章

ライバル・友人・支援者

◎エジソン1

エジソンはこれまでのところ、純粋に経験的な研究方法の最も成功した、そしておそらくその最後の代表者だった。彼が成し遂げた業績はどれも、しばしば手当たり次第に実行され、常に異常な活力と力量を証明する根気強い試行と実験のたまものだった。わずかな既知の要素を出発点に、それらを組み合わせ、並べ替えてリストをつくり、それを眺めわたすと、手がかりが得られるまで驚異的な速度でテストに次ぐテストを繰り返してヒントをつかむのである。

彼の心を支配していたのは、あらゆる手段を講じて、すべての可能性を検討するというその一点だけだった。（一九三一年）

Tesla Says Edison Was an Empiricist, The New York Times, 19 Oct, 1931.

エジソンが干し草の山から針を発見しようとしたら、ただちに蜂の勤勉さでワラを一本一本調べはじめ、針が見つかるまでそれを続けるだろう。私なら少々の理論と計算によってその努力を九〇パーセント省けるのにと同情を禁じ得なかった。（一九三一年）

Tesla Says Edison Was an Empiricist, The New York Times, 19 Oct, 1931.

【解説】

テスラの最大のライバルがエジソンであったことはいうまでもありません。この二大発明家は、その発明方法も対照的でした。エジソンは「発明は一パーセントのインスピレーションと九九パーセントの努力」だとしつつ、粘り強い試行錯誤によって成果を勝ち取っていきました。彼の発明とはワラの山から一本の針を探し出すような、膨大な努力の積み重ねだったのです。

一方、テスラがなにより重視したのは、理論と、それを乗り越える直観的なアイデアやインスピレーションでした。彼の最大の発明とされる回転磁界の原理は、公園を散歩中に文字通り「啓示」として授かったものでした。またその世界システムは、研究所の小さな実験装置を、アナロジーを用いて地球規模に拡大したものでした。

無限エネルギー装置や粒子破壊兵器のような空想的アイデアも、イメージを重視し、アナロジーを多用した彼の発明法の帰結だったといえるかもしれません。

もちろんテスラも決して努力をおろそかにしたわけではありません。寸暇を惜しんで発明に没頭し、その献身ぶりは上司のエジソンをすら驚かせたほどでした。しかし、その努力は主として最初のひらめきの理論化、精密化、実証化、そして実用化に向けられたもので、手当たり次第に試すようなエジソン風の努力とは性格を異にするものでした。

◎エジソン2

エジソンは一ダース以上のノーベル賞に値する。（一九一五年）

Tesla's Discovery Nobel Prize Winner, New York Times, November 7th, 1915.

【解説】

このことばは有名なノーベル物理学賞ダブル受賞事件の際に、エジソンの受賞について記者に語ったものです。

事件の発端は、一九一五年一一月六日付『ニューヨーク・タイムズ』紙を飾ったひとつの記事でした。『デイリー・テレグラフ』紙（ロンドン）の特派員によるその記事は、テスラとエジソンがノーベル物理学賞を同時受賞すると伝えていました。

同賞制定以来、常にヨーロッパの後塵を拝してきたアメリカ科学界にとって、それは待望の朗報でした。二人のもとには早速、取材が殺到しました。

テスラは記者に答えて、公式通知はまだ受け取っていないが、事実だとすればその対象は無線送電システムになるだろうと語りました。その後は世界システムの実用性を説く独演会となり、最後に自分の発明について「私なら、次の数千年間のすべてのノーベル賞をあげるのに」と締めくくりました。

次いでエジソンの受賞について感想を求められ、右記のように答えたのです。

発明王も取材陣に答えて、自分もまだ正式な通知は受け取っていないと述べました。

発明の二大英雄の朗報に新聞・雑誌がいっせいに書き立て、一大ニュースになりました。だが、その直後に大きな逆転劇が待ち受けていました。ニュースから八日後の一一月一四日、スウェーデン・アカデミーが発表した物理学賞の受賞者は、エジソンでもテスラでもなかったのです。真の受賞者はイギリスのフラッグ父子。受賞対象は「X線による結晶構造解析に関する研究」でした。

この逆転劇の真相についてはいくつかの説があります。ひとつは、テスラが受賞を嫌ったというものです。テスラは日頃から科学者と「単なる発明家」を厳密に区別し、自分は科学者だと任じていました。そのため単なる発明家と見なしていたエジソンとの同時受賞を嫌ったのだというのです。もうひとつは、受賞に反対したのは実はエジソンの方で、困窮するテスラから賞金の二万ドルを奪う嫌がらせだったというものです。

さらには受賞どころか二人とも候補にさえのぼっておらず、ニュース自体が単なるガセネタだったという説もあります。今のところ、研究者の間ではこの最後の説が最有力視されています。

のちに研究者がスウェーデン科学アカデミーに確認したところ、二人の名は該当年の候補者リストになく、他の年度にも二人そろって載ったことはないとわかったからです。代わりに、一九三七年度の物理学賞の候補にテスラ単独で名が挙っていたことがわかっています。

◎エジソン追悼

私は一八八四年春、パリからやってきて、彼（トマス・エジソン）と親しく付き合うようになった。私たちは連日連夜、休日も関係なく実験をおこなった。研究所での彼は仕事をするか、寝るかどちらかだった。無趣味で、スポーツや娯楽にはまったく関心がなく、衛生に関する最低限のルールにも無頓着だった。のちに、夫を守ることだけを生き甲斐とした稀有の知性の持ち主と結婚しなければ、無頓着の結果として、とっくの昔に死を迎えていたことだろう。（一九三一年）

Tesla Says Edison Was an Empiricist, The New York Times, 19 Oct, 1931.

エジソンのような奇才は二度と現れそうもない。昔とは条件が大きく変化したことと、理論的訓練の必要性が高まっていることで無理になったのだ。彼はその偉大な天才と不滅の業績が人類の誇りとされ、唯一無二の存在として母国の歴史にその名を残すようになるだろう。（一九三一年）

Tesla Says Edison Was an Empiricist, The New York Times, 19 Oct, 1931.

【解説】

生涯のライバルだったエジソンが自宅で息を引き取ったのは、一九三一年一一月一八日のことでした。享年八四歳。生涯の取得特許数は一〇九三件にのぼりました。

数年前から健康を害していたエジソンは夏から衰弱状態に陥り、生死の境をさまよったのち、その日の深夜、親族に看取られて静かに息を引き取ったのでした。辞世のことばは、昏睡状態からふと意識がもどったときにつぶやいた「むこうはとてもきれいだね」だったそうです。

偉大なアメリカ人の死を全米中が悼み、お別れのために工場の門が開かれると、弔問客が次々に訪れ、その数は五万人にのぼったといいます。

その全盛期、すべてのものを金に変えるミダス王のように発明の金脈を掘り続けていた発明王も、電流戦争の頃からその才能に翳りが見えるようになりました。しかしそれと反比例するように、名声は上がり続けました。この点では資金難に苦しみ、家賃の不払いでホテルから追い立てをくらったこともあるテスラの晩年とは対照的でした。

とはいえ、テスラ自身はその不遇をエジソンのせいにして、恨んだりしたことはありませんでした。電流戦争では対抗心をむき出しにしましたが、晩年はそれを含めてよきライバルと認めるようになったのです。

後述するように、一九一七年のエジソン・メダルの受賞に際して、テスラは最初これを拒否しましたが、最後には受賞を承諾しています。これをエジソン側から見れば、自分の名を冠した賞をライバルに贈ることに反対しなかったことになります。

この頃はテスラが六一歳なら、片やエジソンは七〇歳。互いに老境に入って、長年の確執を超える心境になれたのかもしれません。

◎マルコーニ

マルコーニはいいやつだ。私の特許を一七も使っている。やらせておけばよい。（一九〇一年）

Margaret Cheney, *Tesla: Man Out of Time*, 1981.

マルコーニはまぬけだ。（一九二七年）

A Visit to Nikola Tesla by Dragislav L. Petkovic, *Politika*, April 1927.

【解説】

「私の特許を一七も使っている」――このことばは、マルコーニの大西洋横断無線電信の成功直後、テスラが助手のオーチス・ポンドに語ったものだと伝えられています。「マルコーニはあなたを超えていったようですが」と皮肉気味に問われて、こう返したというのです。マルコーニがテスラの特許を使用していたことも、論文を参考にしていたことも事実だとはいえ、このことばはやはり負け惜しみと取られても仕方がありません。才能のすべてを注ぎ込んだ大事業で、ライバルに先んじられたことがよほど悔しかったのでしょうか。

テスラは同じライバルでも、先輩エジソンに対しては一定の敬意を表していましたが、後輩マルコーニの評価は終始辛辣でした。

マルコーニは一九〇九年、ブラウン管の発明者K・F・ブラウンとともに、ノーベル物理学賞を受賞しました。受賞理由は無線電信に関する功績でしたが、この受賞はテスラの自尊心をはなはだしく傷つけました。自分の特許を盗用しただけの若造が、先に栄誉を手にすることなどあってはならなかったのです。

第一次世界大戦前、ドイツのテレフンケン社がニューヨーク州とニュージャージー州に大規模無線局を開局し、テスラに少額のライセンス料が支払われました。これを機に、テスラはマルコーニ社をはじめて特許侵害で訴えました。

それまで同社の特許侵害にイラ立ちを募らせながら法的手段を控えてきたのは、法廷闘争にかかわって貴重な研究時間を奪われたくなかったからでした。しかしマルコーニが特許侵害のみならず、自分の成功は独自の創意工夫によるもので、テスラの装置は非効率的だと酷評していることに、ついに堪忍袋の緒が切れたのです。

裁判の長期化という危惧は残念ながら的中、公判はマルコーニ側の巧妙な引き延ばし戦術で果てしなく続きました。

裁判が始まって十数年後の一九二七年、ドラギスラフ・L・ペトコヴィッチというユーゴスラヴィアの若者が訪米し、テスラと昼食をともにしました。しばし歓談したあと、ペトコヴィッチは最後に、マルコーニについてなにかあればと質ねました。するとテスラは食事の手を休め、スプーンを置いてこう言い放ったそうです。

「マルコーニはまぬけだ」

悩まされ続けた裁判が最終的に結審し、テスラの勝利が確定したのは、一九四三年、彼が亡くなってから半年後のことでした。

◎ジョージ・ウェスティングハウス

思うにジョージ・ウェスティングハウスは、当時の状況下で偏見や財政的困難をものともせず、私の交流システムを採用した地球上で唯一の人間である。彼は偉大なる開拓者であり、アメリカが誇るべき真に崇高な世界的人間である。その人間性は限りない感謝の心に負っている。

（一九三八年）

Nikola Tesla, *Speech, Institute of Immigrant Welfare, Hotel Baltimore, New York*, May 12, 1938, read in absentia.

【解説】

ウェスティングハウスとテスラの親密な関係は、ウェスティングハウスが彼の交流特許を取得した一八八八年に始まりました。その後、ウェスティングハウスに招かれ、ピッツバーグの工場で交流システムの技術コンサルタントを務めました。しかし、交流の駆動周波数を巡って技術者たちと対立、嫌気が差したため、一年足らずで退職してしまいました。とはいえ、この躓きを乗り越えて彼らの二人三脚は続きます。

一八八九年、ウェスティングハウス社は不況と企業合併の嵐のなか、会社存立の危機に立たされました。このとき、テスラは多額の特許契約を破棄して、盟友の窮地を救いました。これが結果的に、生涯を通じてテスラを悩ませた資金難の元凶になりましたが、盟友を救うためならと意に介しませんでした。

一八九三年のシカゴ万国博覧会でも交流システムの設備と展示で二人は協力、華々しいパフォーマンスで世界を驚かせました。その後も協力関係は続きましたが、テスラは無線、ウェスティングハウスは交流電力システムと、それぞれ別の道を邁進したため、関係は次第に希薄になっていきました。

交流電力事業の成功で、自社を全米トップメーカーに引上げたウェスティングハウスでしたが、一九〇七年の経営危機をきっかけに代表の座を離れ、その後実業の舞台からも手を引きました。そして一九一四年、六七歳の生涯を閉じたのでした。

テスラは自分の交流を認めてくれた最良のパートナーへの感謝を生涯忘れず、死に際してもその功績を最大限に称賛しました。

◎J・ピアポント・モルガン

さまざまな噂に照らして、J・ピアポント・モルガンはビジネスでは私に関心がなかったとしても、他の多くのパイオニアを支援してきたのと同じ包容力で支援してくれた。彼はその手厚い保証をきちんと果たしてきたし、これ以上になにかを期待するのは不当というものだろう。私の業績にも深い尊敬を払ってきてくれ、着手した事業の最終的な達成能力にも全幅の信頼を寄せてくれていた。（一九一九年）

Nikola Tesla, *My Inventions, Electrical Experimenter*, 1919.

J・ピアポント・モルガンは、サムソンがすべてのペリシテ人を超越していたように、すべてのウォール街の人々から抜きん出ていた。（一九三一年）

Nikola Tesla, *Our Future Motive Power, Everyday Science and Mechanics*, December 1931.

【解説】

アメリカ金融史に名をとどめる「ウォール街のジュピター」ことJ・P・モルガンは、有能な投資家としてアメリカ資本主義の発展を支えるとともに、モルガナイゼーションと呼ばれる強引な企業再編や合併を推し進めていきました。その剛腕によって倒産や失業に追い込まれ、あるいは自ら命を絶った経営者も少なくありませんでした。その半面、優れた才能には惜しみなく投資するよきパトロンとしても知られていました。

モルガンの豪邸に招かれたテスラは、その該博な知識と人好きのする性格で、たちまち一家のお気に入りになりました。有力投資家の後ろ盾をえたテスラは、ニューヨーク郊外のロングアイランドに大西洋を望む用地を確保、世界システムの建設に着手します。しかし建設が佳境に入った一九〇二年冬、マルコーニの大西洋横断無線電信の成功が報じられると、モルガンは一転、支援に消極的になりました。危機を感じたテスラは、目標を無線送電に切り替えて支援継続を要請しましたが、願いはかないませんでした。

この間にモルガンからテスラに投じられた資金は、短期的に一五万ドル、長期的にはこの倍の額にのぼりました。それでも膨大な建設費をまかなうにはなお不充分だったのです。

ウォール街のジュピターは一九一三年、ローマで客死しました。テスラは引き続き、新当主のモルガン二世に支援を求めました。若き銀行家はタービン事業に一万五千ドルの資金提供を約束しましたが、世界システムへの支援は拒みました。テスラはあきらめずに新たな投資を探りましたが、すべては徒労に終わりました。この後、モルガン家との関係は疎遠になり、やがて自然消滅していきました。

※サムソンは旧約聖書に登場する英雄で、怪力の持ち主。イスラエル人を圧迫したペリシテ人と再三戦ってこれを破った。

◎マーク・トウェイン

ある日のこと、私はそれまで読んだことのない斬新な数巻の文学作品に出会って、絶望的な病状が吹っ飛ぶほど魅せられてしまった。それはマーク・トウェインの初期作品だったが、この出会いがその後の奇跡的回復に大きな働きをしたのかもしれない。二五年後、クレメンス氏（訳註：トウェインの本名）と親交を結んだ折にこの体験を話すと、ユーモアの大家が突然泣きだしたのでびっくりしたものだった。（一九一九年）

Nikola Tesla, *My Inventions, Electrical Experimenter*, 1919.

【解説】

テスラとトウェインの関係はテスラの少年時代にまで遡ります。一〇代の頃、故郷でコレラにかかって体力、気力を失ったテスラは、たまたま図書館から持ち帰ったトウェインの翻訳を読み、それに励まされて劇的に回復したといいます。

テスラが恩人との初対面を果たしたのは、このエピソードから二〇年余り後の一八九四年三月のことでした。自身発明家でもあった文豪はテスラの業績をよく知っており、招きに応じて研究所を訪れたのです。好奇心旺盛な老大家は魔法の城のようなテスラの研究所に魅せられ、以来、ひんぱんに訪問するようになりました。テスラの話を熱心に聞き、実験を見て、ときには自ら装置の被験者にもなりました。

ジョン・オニールやマーガレット・チェニーの著作には、研究所で振動機械を体験したトウェインが無邪気にはしゃぐ様が活写されています。

二人は研究所外でもたびたび会い、互いのオフィスをたずねて歓談のときを過ごしました。そんなあるとき、テスラが右記の思い出を語ると、文豪は感動の余り号泣し、以来ふたりはさらに親しくなったといいます。

二人の関係については、前述のように、テスラがガイスラー管の下で撮ったトウェインの写真が、事実上アメリカ最初のX線写真になったというエピソードも残されています。

テスラのトウェインへの深い思いを伝えるエピソードは、最晩年のものです。この頃、体力の衰えから床に伏せりがちだった発明家は、贔屓のメッセンジャーボーイを呼んで、二五ドル紙幣を入れた一通の封筒を依頼しました。宛先はサミュエル・クレメンズ。前述のようにマーク・トウェインの本名です。

トウェインは二五年前にすでに亡くなっていましたが、テスラは彼がまだ存命だと信じ、しかも経済的に困窮していると思い込んでいました。そこで宿代も払えない窮乏のなかから少額のお金を工面して、恩人に贈ろうとしたのでした。

※テスラの伝記作者マーガレット・チェニーは右記のエピソードがテスラの勘違いだった可能性もあると指摘しています。当時、トウェイン作品のセルビア語訳は未刊だったからというのですが、時期は別にしてもテスラが彼の作品に励まされたのは事実だと思われます。

◎ウラジミール・レーニン

私は世の中の意見には左右されません。死後も続くものこそ生涯の真の価値と位置づけているからです。

とりわけ交流システムの導入のおかげで、私には多くの賞賛者がいる。……レーニンから二度続けて、とても魅力的なロシアへの招待を受けたが、研究所の仕事から離れることはできなかった。（一九三四年）

Microtilm letter, Tesla to J. P. Morga, Jr. November 29. 1934. Library of Congress.

【解説】

レーニンとはロシア革命を主導したあのウラジミール・レーニンのことです。革命後、レーニンは社会主義国建設のため、各分野のエキスパートを世界中に求めました。科学の分野で白羽の矢を立てられたのがテスラだったのです。

レーニンのソ連とテスラの因縁はその後も続きました。第二次世界大戦前になると、発明家の周囲にナチス・ドイツやソ連の情報機関の影がちらつきだします。こうした動きを警戒した初代FBI長官エドガー・J・フーヴァーは配下のエージェントに発明家の監視を命じました。

テスラの死後、研究者の大きなテーマとなったのが、秘蔵論文をめぐる噂でした。テスラは生前親しい者に、真に重要な論文はホテルの金庫に保管してあると漏らしていました。関係者は、それこそが殺人光線などの超発明を記した論文だと見なしていました。

死の直後、論文盗難を恐れた関係者が問題の金庫を開けたところ、論文の類は一切ありませんでした。陰謀好きな連中は、他国のスパイが金庫から論文を盗み出し、それが旧ソ連情報部の手に渡って、粒子ビーム兵器などの超破壊兵器になったのだと言い立てました。

これについては諸説あり、真相はいまだに明らかになっていませんが、旧ソ連と発明家のディープな関係は、今も陰謀論者の想像力を刺激し続けています。

蓄音機の前のエジソン

エジソンの中央発電所

エジソンの直流発電機

第八章

家族・愛・故郷

◎母について

母は最高の発明家で、私の信ずるところによれば、多様なチャンスに満ちた現代生活からあれほど離れていなければ、偉大なことを成し遂げただろう。彼女はさまざまな道具や装置を発明、製作し、自分で紡いだ糸で見事なデザインの布を織った。種を播き、植物を育て、その繊維をえりわけさえした。夜明けから夜遅くまで働きに働き、衣服や家具はほとんど手づくりだった。六〇歳を過ぎても、手先の器用さは変わらず、一本のまつげに三つの結び目をつくることができた。（一九一九年）

Nikola Tesla, *My Inventions, Electrical Experimenter*, 1919.

【解説】テスラの母デューカはセルビア正教会の司祭の家系で、七人きょうだいの長女でした。地域の文化的指導者の家柄であれば、本来なら充分な教育を受けられるはずでした。しかし母親が七人目の息子を生んで間もなく失明してしまったので、幼い身で母親代わりを務めることになり、そのため、学校はおろか、読み書きを学ぶ時間すらつくれなかったのです。とはいえ、彼女はそのハンデを克服して多方面ですばらしい才能を発揮しました。

村の女性発明家として、家事労働を節約するための器具をたくさん考案しました。実務能力にも優れ、夫に代わって教会の仕事の大半をこなしていました。尋常ではない記憶力を有し、クロアチアの国民詩の詩句や聖書の一節を何千と暗唱できました。哲学的な著作をまるごと一冊覚えて、よどみなく語ることもできました。

芸術的な才能にも恵まれ、美しい針仕事はその地方で評判になりました。テスラは、教養豊かな父親よりもむしろ、この母親に強い信頼を寄せていました。

テスラは後年、賢明な母との次のような思い出を語っています。

奨学金制度の廃止によって工科大学を中退に追い込まれたテスラは、自暴自棄になって賭け事に耽るようになりました。あるときまったくツキから見放され、有り金をはたいてもツキはもどらず、とうとう大学の学費にまで手をつけてしまいました。彼は帰宅すると、事の次第を正直に母親に打ち明けました。てっきり叱られるかと思いましたが、母親は彼を非難しませんでした。それどころか、友人からかき集めたお金をテスラに握らせながら、こう言ったのです。

「さあ、思いきり楽しんで来なさい」

ゲームにもどると今度はすっかりツキが変わり、母親からもらった金ばかりか、取られた学費もすべてとりもどすことができました。テスラは母親に金を返すと深く反省し、二度と賭け事にはのめりこまないと誓ったのでした。

◎父について

父はたいへんに博学で、真の自然哲学者、詩人、作家で、その説教はアブラハム・ア・サンクタ・クラーラ（※）の説教に匹敵するといわれていた。並はずれた記憶力を誇り、しばしば数ヵ国語の作品を滔々と暗誦した。よく冗談で、古典の一部が失われても、自分なら修復できるだろうと豪語していたものだった。（一九一九年）

Nikola Tesla, *My Inventions, Electrical Experimenter*, 1919.

私の発明の才は母親譲りだとしても、父が与えてくれた訓練は助けになったにちがいない。その訓練は多岐にわたった。すなわち互いの思考を推量すること、表現形式の欠陥を発見すること、長い文章を暗唱する、暗算をする、などなど。こうした日々の訓練は記憶力や推理力の強化、とりわけ批評眼の養成にとって、疑いなく有益なものだった。（一九一九年）

Nikola Tesla, *My Inventions, Electrical Experimenter*, 1919.

【解説】

ミルティンは厳しいが、愛情深い父でした。

高等リアルギムナジウムで電気学にめざめたテスラは、卒業して帰郷すると、これからは電気の研究に捧げたいと決意を伝えました。しかし、息子に聖職を継いでほしかった父はこれを認めませんでした。そんな父を心変わりさせたのは、当時、その地方に流行していたコレラでした。

帰郷早々、テスラはその恐ろしい伝染病に患ってしまったのです。奇跡的に最悪の事態は脱したものの、重度の衰弱と体調不全に悩まされ、九ヵ月の間床にふせり続けました。最後に強烈な衰弱に襲われ、生死の境をさまよいました。死に瀕した息子を励まし、元気づけようと、父は枕もとで叫びました。

「いっちゃ、いかん、ニコラ！　おまえは技術者になるんだ。世界でいちばんいい技術学校にはいって、偉大な技術者になるんだ！」

父親の呼びかけに応えるように、少年の目がゆっくりと見開かれました。生気がなかった目には光がもどっています。

父は天を仰ぎました。

「おお、神よ、感謝します！」

こうして父の許しをえたテスラは工科大学に入学し、一心不乱に勉強しました。その結果、一学年目は最優秀の成績で修了しました。意気揚々と帰郷したテスラでしたが、父がなぜか成績そっちのけで健康ばかり気づかうので、失望して勉強の意欲までそがれてしまいました。テスラが父親の心配の理由をはじめて知ったのは、それから数年後のことでした。

父が亡くなったあと、彼は教授から両親宛に送られた手紙の束を発見しました。そこには、テスラを早く学校からつれもどさないと、勉強のし過ぎで死んでしまうと書かれていました。

彼は父の愛を知って涙したといいます。

※アブラハム・ア・サンクタ・クラーラ　一六四四―一七〇九年。オーストリアの宣教師。ユーモラスで力強い説教で多くの人々を惹きつけた。

◎兄について

私には異常なほどの才能――生物学的には説明不可能な希有の精神現象である才能――に恵まれた兄がいた。兄の早すぎる死は、両親に言い知れぬ悲しみを残すことになった。……兄の才能を思い出すと、どんな努力も色褪せて見えた。（一九一九年）

Nikola Tesla, *My Inventions, Electrical Experimenter*, 1919.

雨が激しく降った陰鬱な夜、……知の巨人だった兄が亡くなった。母が部屋に来て、私を腕に抱き、ほとんど聞こえないほどの声でささやいた。「来て、（デーンに）キスして」。私は兄の氷のように冷たい唇に唇を押し当て、何か恐ろしいことが起こったことだけを理解した。（一九三四年）

Nikola Tesla to George Sylvester Viereck, 1934.

【解説】

テスラより七年早く生まれた長兄のダーネは、幼少期から驚くべき聡明さを発揮したといいます。一家の希望の星だったダーネは、しかし不慮の事故がもとで一二歳の若さでこの世を去ってしまいました。死因は頭部の負傷、おそらくは血腫だったとされています。これについては、家に飼われていた馬から落ちた傷が原因だという以外、詳しいことはわかっていません。

偉大な長兄の死はテスラにある決意を促しました。その決意とは、亡き兄に代わって自分がその才能を引き継ぐことでした。この不可解な決意の底には、おそらく長男を失った両親の悲嘆と悔悟があったにちがいありません。

最初の息子の死を認めたくない。そんな両親の気持ちを、幼いテスラは一身に引き受けたのでしょう。それは、彼のなかで兄の才能を理想化させると同時に、その理想像に対する強烈な対抗心を呼び覚ましました。もし、兄が生きていたとすれば、どれほどの業績を達成したことか。その輝かしい未来を、なんとしても凌がなければならない。それによって亡兄に向いた両親の愛を、自分に引き戻すのだ。

この強烈な願望は、全生涯を通じてテスラの創造力の源泉になったと思われます。

◎セルビア人の誇り

それは有頂天の若者が抱きがちな幻想のようなものかもしれませんが、幸運にも私が自分の理想の一部でも達成できれば、必ずや人類全体のためになるでしょう。そうした希望がかなって何が一番わくわくするかといえば、それがセルビア人の功績だということです。（一八九二年）

Nikola Tesla, *Address at the Belgrade train station* (1 June 1892).

【解説】

テスラは渡米後、二度の里帰りを果たしました。一度目は一八八九年のパリ万国博覧会見物を終えたのちの短い帰郷です。交流電力システムの開拓者という世界的な名声をひっさげて故郷に錦を飾ったわけです。辺境の地から見守り続けてきた母、期待をこめて送り出した親族・友人たちの喜びはさぞやと思われます。

二度目は一八九二年のヨーロッパ講演後の里帰りでしたが、これは辛い帰郷となりました。テスラがパリでの二度目の講演を終えてホテルに戻ると、母の重体を知らせる手紙が届いていたのです。テスラは取るものも取り敢えず故郷に飛んで帰り、病床の母と対面し、その死を看取ることができました。

その後テスラは回復のため故郷に一月半ほど滞在し、妹マリカやおじのもとを訪ねました。それからセルビアの首都ベオグラードに立ち寄り、国民的英雄として熱烈な歓迎を受けました。前記のことばはその際、テスラがベオグラード駅でおこなった演説の一部です。

テスラは民族的にはセルビア人であり、生まれたのは当時のオーストリア帝国（現・クロアチア共和国）の小村スミリャンでした。アドリア海東岸にほど近い高原地帯のこの村は、当時は軍政国境地帯（ミリタリー・フロンティア）に属していました。軍政国境地帯とは一七世紀末、ハプスブルク帝国がオスマン・トルコの侵略を防ぐために設定した防衛線で、多数のセルビア人が入植していました。テスラ家の先祖もそうした移植者の一員だったのです。

テスラはおのれの民族、国家、どちらの出自にも強い誇りを持ち、晩年は「セルビア人であることと、祖国がクロアチアであることを等しく誇りにしている」と言い続けました。このスピーチには、そんなテスラの民族愛と祖国愛がよくあらわれています。

◎祖国を追われた国王との対話

これは私の最大の名誉です。ありがたいことに陛下はまだお若い。そんな方が偉大な統治者になられることを、とても喜ばしく思います。私が生きているうちに必ず自由ユーゴスラヴィアにおもどりになることでしょう。陛下の父君のご遺言が『ユーゴスラヴィアを守れ！』だったのですから。私はセルビア人であり、ユーゴスラヴィア人であることを誇りに思っております。わが

人民は不滅です。セルビア人、クロアチア人、スロヴェニア人、全ユーゴスラヴィア人の連帯よ永遠に…。（一九四二年）

Margaret Cheney, *Tesla: Man Out of Time*, 1981.

◎祖国の平和と防衛

必要な発電所は九ヵ所。セルビアに四カ所、クロアチアに三カ所、スロヴェニアに二カ所である。それぞれ二〇〇Kwが必要である。そうなれば最愛の祖国はどんな攻撃にも安泰だ。（一九四一年）

Telagram to Sava Kosanović, *Nikola Tesla: Correspondance with Relative*, *Belgrade*, Nikola Tesla Museum, 1993.

【解説】

第二次世界大戦前、テスラの故郷はユーゴスラヴィア王国に含まれていました。この王国は、セルビア、クロアチア、スロヴェニア、モンテネグロなどで構成され、一九一八年に成立した国家です。しかし民族間の抗争と独裁的統治に対する不満から一九三四年に国王が暗殺され、息子のペータル二世が即位しました。

第二次世界大戦中は一九四一年に日独伊三国同盟に加盟しましたが、反対勢力のクーデターにより、中立的政府が樹立。それからまもなく、ドイツ軍の侵攻が開始されました。

祖国の危難を知ったテスラは、自分の発明を役立てるのはこのときぞと立ち上がりました。亡命政府総裁のニコラス・コサノヴィッチ宛てに至急電を送り、祖国防衛のため難攻不落の「力の壁」を築くよう提案したのです。コサノヴィッチはテスラの甥、すなわち妹マリカの息子で、元の駐米大使でした。

しかし提案が検討される間もなく、ナチス・ドイツによる爆撃が開始されてしまいました。そして大戦勃発から一年半後、二三年続いた王国は枢軸軍に蹂躙され、降伏させられてしまったのです。王位を追われたペーテル二世はロンドンに亡命し、そこで臨時亡命政府を樹立しました。

一九四二年、ペーテル二世はアメリカとの関係改善を図るべく訪米します。テスラは高齢と病気のため歓迎レセプションには出席できませんでしたが、その後、コサノヴィッチの進言でホテルを訪れた国王と、感激の会見が実現したのでした。

このとき、ペーテル二世二〇歳、テスラは八六歳。流浪の若き国王と悲運の老発明家は手を取り合い、二人して涙したといいます。テスラの死の半年前の出来事でした。

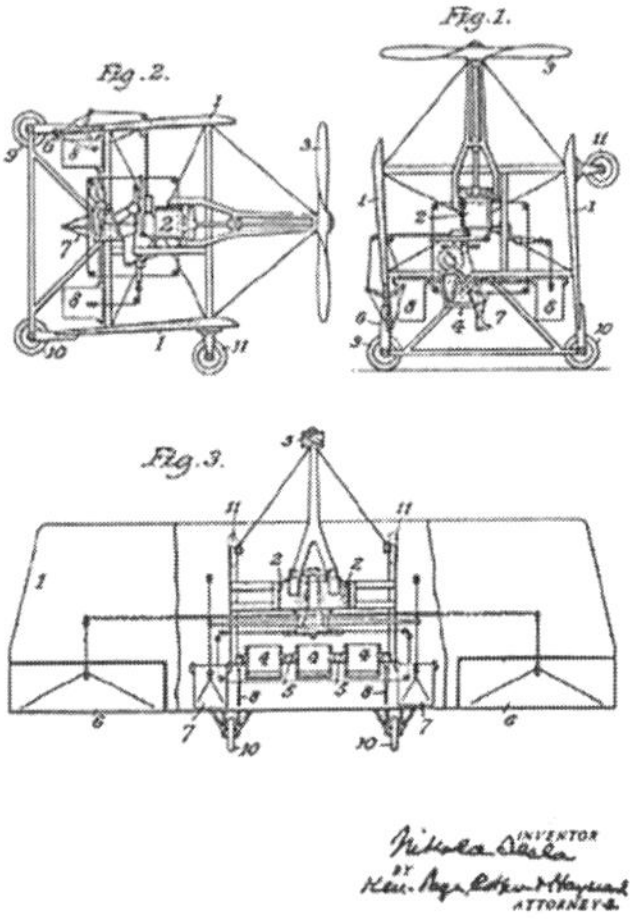

垂直離着陸機

ネオンサイン

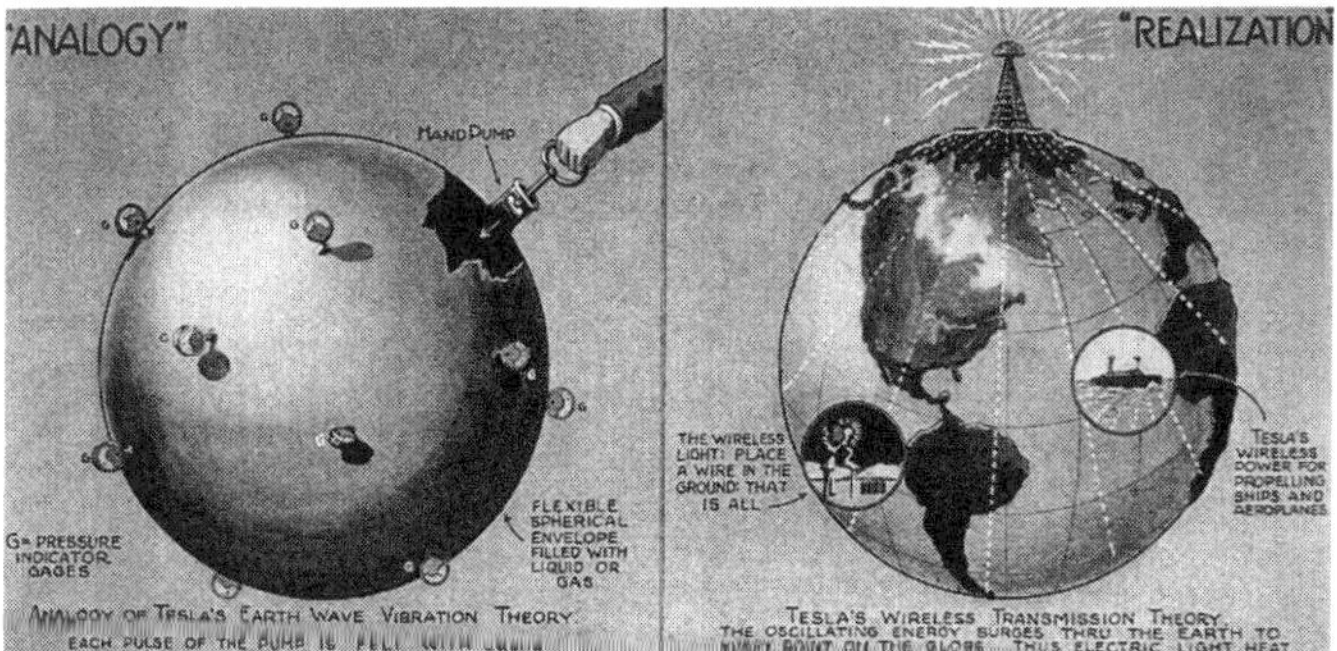

無線送電の原理図

第九章

精神生活について

◎想像力の芽生え

生後間もない人間は、自由奔放な想像力に促され完全に本能のまま行動する。成長につれて理性の力が強まり、その活動はしだいに体系的で、計画的なものになっていく。しかし幼児期の衝動は、生産には直結しないとはいえ、人の運命を左右するほど重要だろう。（一九一九年）

Nikola Tesla, *My Inventions, Electrical Experimenter*, 1919.

◎幻覚

子どものころ、私はイメージが現れては消えるという特異な葛藤に悩まされていた。それはしばしば、現実の物体をおおい隠して、思考と行動を妨げる強烈な閃光をともなった。こうしたイメージは現実に見たことのある物体や場面で、決して想像の産物などではなかった。なにかことばが耳にはいると、それが示す物体のイメージが眼前にありありと浮かび、ときとして見ているものが、現実かどうか判別できなくなった。これは非常な不快と不安をもたらした。相談した心理学や生理学の研究者で、この現象に満足な説明を与えられた者はこれまでひとりもいない。兄も同様の悩みを抱えていたので、同じ素地があったのだろうが、それにしても他に類を見ない特異な現象だったようだ。（一九一九年）

私はその魔法の呪文を振り払おうとあがいたものだった。しかし長い間、その努力は徒労に終わり、今でもはっきりと覚えているが、意志の力で現前するイメージを消去するのにはじめて成功したのは一二歳になってからだった。あのときにまさる喜びは今後もないだろう。（一九〇〇年）

Nikola Tesla, *My Inventions, Electrical Experimenter*, 1919.

Nikola Tesla, *Problem of increasing human energy*, 1900.

◎コンプレックス

女性のイヤリングは強烈な嫌悪感を催させたが、それ以外のブレスレットのような装身具はデザイン次第でおおよそ気に入っていた。真珠を見ると卒倒しそうになったものの、光り輝く結晶とか、角が尖っていて、表面が平らな物体には魅了された。拳銃で脅されでもしない限り、髪にふれるのも無理だった。桃では高熱に冒されることがよくあり、屋内のどこかに樟脳が少しでもあると、たまらない不快感を覚えた。今でもこうした気を動転させる刺激には敏感にならざるをえない。（一九一九年）

Nikola Tesla, *My Inventions, Electrical Experimenter*, 1919.

液体を満たした皿に小さな四角い紙を落とすと、身の毛のよだつような味が口中に広がる。散歩中は歩数を数え、食事中はスープ皿、コーヒーカップ、料理の中の四角いものを数えていたが、そうしないと食事を楽しめなかったのである。すべての反復的な行為や動作は常に三で割り切れなければならず、もし間違えれば、たとえ何時間かかっても一からやり直さずにいられなかった。

（一九一九年）

Nikola Tesla, *My Inventions, Electrical Experimenter*, 1919.

【解説】

生涯を通じてさまざまな病理やコンプレックスをあらわしたテスラですが、これについてサイエンス・ライターのクリフォード・ピックオーバーは、強迫性障害や側頭葉てんかんの可能性を指摘しています。（クリフォード・ピックオーバー『天才博士の奇妙な日常』勁草書房）

強迫性障害は精神障害の一種で、繰り返しあらわれる不快な思考、想い出、衝動、悲哀、イメージなどの強迫的な観念と、そうした強迫観念を振り払うために繰り返される強迫行為を特徴とします。テスラは数字の三を偏愛し、あらゆるものに三で割り切れる数字を当てようとしたのもその一つだと考えられます。彼が最後に定宿にしたホテル・ニューヨーカーの部屋も、三三階の三三二七号室でした。

潔癖症のテスラは、食事の際には清潔なテーブルクロスと真新しいナプキンを必ず用意させ、ナイフ、フォーク、皿などを一つずつ丁寧に拭いていきました。そのナプキンの数もきっかり一八枚でした。

帰宅の際は、必ず自宅の周囲を三周してから玄関にはいりました。もし間違えれば、どんなに時間がかかっても最初からやり直さなければ気が済みませんでした。

テスラはなぜ、三という数字に特別なこだわりを見せたのでしょうか？　その理由はよくわかっていません。

古代ギリシャのピタゴラスが創始した思想に数秘術があります。数字に特別な意味を求める思想で、西洋占星術などに受け継がれました。占星術の三には、豊かな感受性、創造性などがあてはめられていますが、それがテスラの偏愛の根拠かどうかは不明です。

また、側頭葉てんかんは記憶に関わる脳の海馬領域から始まるてんかんの一種で、人の認識や感情を変化させ、幻覚や幻聴、幻臭などの症状をあらわすといいます。その結果、頑固で怒りっぽくなったり、無意味に衒学的になったり、宗教に対する思いが高まったり、日常的な出来事に宇宙的意味を見い出したりするようになるといいます。また、なんでも記録する強烈なメモ魔になるといった症状も知られています。

テスラがときどき激怒したこと、折りにふれて独特の宇宙哲学を披瀝したこと、無数の手書きのメモや論文を残したこと、一時期、逆行性健忘症になったことなどは、こうした障害が一因ではないかというのです。

天才的人物に見られがちなこの種の障害は、優れた言語化、イメージ化の能力を生むと同時に、精神の病理となって彼を苦しませます。テスラもそのような宿命を背負わされていたのでしょうか。

一方、テスラの女性のイヤリング、とりわけ真珠のイヤリングに対するコンプレックスは、精神分析学的な視点から説明できるかもしれません。テスラの伝記作者マーガレット・チェニーが紹介しているのは、高名なドイツの精神分析学者H・J・アイゼンクの説です。

アイゼンクによれば真珠への嫌悪感は、丸いものに対する執着であり、それは母子分離不安というマザー・コンプレックスの一種にほかなりません。後述するハトに対する愛も、ハトの丸い胸に象徴される母の乳房に対する憧れだというのです。

心理学で学位を取得したテスラの伝記作家マーク・J・サイファーは、ハトへの愛は長男ダーネが亡くなった際に、母から拒絶された苦しみの代償であり、故郷の自然のなかで過ごした幼児期のユートピアへの回帰だと分析しています。

テスラにはいわゆる共感覚（シナスタジア）もありました。共感覚とは、ひとつの感覚を刺激されたときに他の感覚も呼び覚まされることをいいます。たとえば、文字を見ると色が感じられたり、ドの音は赤、レは緑というように音階に色を感じたり、形に味を感じたりする感覚が知られています。テスラが実験中に液体を満たした皿に小さな四角い紙を落とすと、嫌な味を感じたというのは、こうした感覚によるものではないかと考えられています。

◎感覚過敏

私の視覚と聴覚はつねに並はずれていた。他の者には見えないときも、自分だけは遠く離れた対象をはっきりと見分けられた。少年時代には近所の家を火事から救ったことが何度かあった。その家の住人がまだ気づいていなかったパチパチはぜるかすかな音に気づいて助けを呼びにいったのである。

一八九九年、四〇歳を越えてコロラド山中で雷の研究をしていた時分には、八八〇キロ離れた雷鳴を明瞭に聞くことができた。若い助手は二四〇キロが限界だったから、私の耳は彼の一三倍敏感だったわけだ（※）。とはいえ、この神経衰弱の間に起こった聴覚の鋭敏さに比べれば、コロラド時代はほとんど耳が聞こえないも同然だった。

ブダペストでは、三部屋離れた時計のカチカチいう音を聞けた。部屋のテーブルの上にハエが降りると、ドスンという鈍い音がした。数キロ先を通り過ぎる馬車に激しくからだをゆさぶられた。三、四〇キロ離れた汽車の汽笛に、坐っている椅子が強くゆさぶられるので耐えがたい痛みを感じた。足元の地面が絶えず振動し、ベッドの下にゴムのクッションを敷かないと一睡もできなかったほどである。

いたるところから聞こえる轟音は、ときとして話し声のように思えた。もし、偶然の産物だと理解できなければ、肝をつぶしたことだろう。（一九一九年）

◎自律神経失調

Nikola Tesla, *My Inventions, Electrical Experimenter*, 1919.

太陽光線が遮られるたびに、気絶するほどの圧力が脳を襲い、橋などの建造物の下では頭蓋骨に押しつぶされるような圧力を感じたので、意志の力を総動員してくぐり抜けなければならなかった。暗闇ではこうもりのように、額のむずむず感によって三メートル以上も離れた物体を発見することができた。

脈拍は標準以下から毎分二六〇まで変動し、体中の組織が絶え間ない震えと痙攣に襲われた。

Nikola Tesla, *My Inventions, Electrical Experimenter*, 1919.（一九一九年）

【解説】

前記のことばはいずれもブダペスト時代に体験した感覚過敏を表現したものです。普通は聞こえない遠方の音が聞こえ、感じないほどのかすかな振動が激しく体を揺さぶる。こうした症状を現代の精神科医が診れば、おそらく「自律神経失調による感覚過敏」と診断するでしょう。

自律神経失調症は自律神経の乱れによって生じる病気です。症状としては、聴覚過敏を伴う耳鳴りや難聴、肩こり、手足のしびれ、頭痛などの身体的不調や、情緒不安定、不安、パニック症状などの精神的症状が見られます。

自律神経の交感神経は、活動状態や緊張状態にあると活発に働きます。逆に休息やリラックス状態では副交感神経が働きます。通常は一方が働いている間、他方は休むことでバランスがとられています。しかし過度のストレス状態に置かれると、交感神経の緊張状態が続いたままアドレナリンの働きが活発化して、心拍数の急増や血管の過度の収縮などの症状があらわれます。その結果、前記のような症状が引き起こされるのです。

テスラの聴覚過敏、脈拍の増加、頭痛などの訴えは、たしかにこれらの症状に合致しているでしょう。ブダペスト時代のテスラは念願の電気技師になれた喜びで、睡眠時間を削って仕事に没頭しました。その身体的・精神的ストレスがもともと繊細な彼の神経に及んで、そのバランスに乱れを生じさせたのではないでしょうか。

※音の強さは距離の二乗に反比例するため。

◎ハトへの愛

ある晩のこと、私がいつものように問題を解きながら、暗がりの中でベッドに横たわっていると、（愛するハト）が開け放たれた窓を飛びぬけて、机の上に降り立った。

ああ、自分の死を告げに来たのだな。ひとめでそう悟った。彼女が語り始めると瞳の奥から光が――強い光線が放たれた。それは本物の光だった。強く、まばゆく、目が眩むような。私が研究室で製造した最強力の照明器具の光よりも、さらに強い光。そのハトが死ぬと、人生からなにかが失われた。

そのときまでは、いかに野心的な計画であろうと、研究を完成させられると確信していた。だが、そのなにかが失われたとき、これで生涯の仕事は終わったのだと悟った。……（一九二〇年代）

John J. O'Neil, *Prodigal Genius: The Life of Nikola Tesla*, 1944.

【解説】


テスラがいつごろから、そしてなぜ、ニューヨークのハトたちに深い愛情を注ぐようになったのか。いずれもよくわかっていません。ただ、中年を過ぎた頃から、市内の公園に棲みついたハトの群れに餌をやり、病気や怪我をしたハトを見つけると、ホテルの自室に連れ帰って世話をするようになりました。餌は極力自分で与え、やむをえない場合にのみ家政婦や秘書に代行させました。

テスラの知人は餌を持つ老発明家のまわりに、ハトの大群が群がる姿を目撃し、その孤独と悲哀に胸をうたれたと報告しています。

そんなテスラが特に心を惹かれたのが一羽の白いメスバトでした。羽の先が淡い灰色をしたそのハトは、群れのなかでもひときわ美しく、テスラの心をとりこにしました。彼はそのハトといるだけで幸福でした。それは人間の女性に対する愛情と少しも変わらなかったと、語っています。

しかしその幸福は、ハトの突然の死によって断たれてしまいました。テスラの悲嘆は深く、彼女のために郊外に墓をつくってやり、涙とともに埋葬したといいます。

◎読書について

私がなによりも愛したのは読書だった。父は膨大な蔵書を保有していたので、機会さえあれば読書欲を満たそうとした。（一九一九年）

Nikola Tesla, *My Inventions, Electrical Experimenter*, 1919.

八歳を迎えるまでは性格が弱く、優柔不断だった。決断する勇気も強さもなかった。感情は寄せては返す波のように、極端から極端へと休みなく変化した。私の願望は破壊的な力を備え、ヒュードラ（＊）の頭のように増殖した。生と死における苦痛や宗教的恐怖に打ちひしがれた私は、迷信に惑わされ、悪霊、幽霊、人食い鬼といった闇の邪悪な怪物に絶えず脅えて暮らしていた。

そこに突然、生き方をがらりと変えるとてつもない変化がやってきたのである。……

あるとき、私は高名なハンガリーの作家ヨーシカの作品をセルビア語に翻訳した『アバフィーアバの息子』という小説に出会った。この作品によって眠っていた意志の力が多少とも目覚めたので、私は自己抑制を実践しはじめた。（一九一九年）

Nikola Tesla, *My Inventions, Electrical Experimenter*, 1919.

ヴォルテールの全作品に取り組んだ折には、読み出してはじめて、それが小さな活字本で百巻近い大著だと知ってうろたえた。かの怪物は毎日七二杯のブラックコーヒーを飲みながらこれを書き上げたのだ。それは達成すべき事業だったが、最終巻を読み終えたときには、ホッとすると同時に、こう叫んでいた。「もうたくさんだ！」（一九一九年）

Nikola Tesla, *My Inventions, Electrical Experimenter*, 1919.

【解説】

子どもの頃から読書家だったテスラは、読書によって二度救われたと明言しています。一度目はハンガリーの作家ヨーシカの作品によって。二度目は前述のようにマーク・トウェインの作品によってです。

少年時代は、父の膨大な蔵書を手当たり次第に読むことを無上の喜びにしていました。しかしその読書熱を父は認めませんでした。息子の眼が悪くなるのを心配したからです。

父は読書の現場を見つけ次第、怒ってロウソクを隠してしまいました。それでも誘惑を断ち切れない少年は、自分でロウソクをつくり、鍵穴とすきまをふさいで、家族が寝静まってから夜明けまで読書にふけったといいます。

学校時代には、その優等生ぶりを知った公共図書館の管理者から、蔵書の整理と目録作成の仕事を依頼されました。この頃には父の蔵書もあらかた読み尽くしていたので、喜んで引き受けました。ですが、仕事を始めるとすぐ原因不明の病に冒され、長い闘病生活を余儀なくされました。楽しみといえば、図書館から持ち帰った本をベッドの上で読むことだけ。そうこうするうちに病は進行し、ついには医者にも見放されてしまいました。気力もなえ、すべてに無関心になってしまったテスラを救ったのが、マーク・トウェインの著作だったことは、トウェインの項で見た通りです。

※ヒュードラ＝ギリシャ神話に登場する怪物。ヘラクレスに殺された多数の頭をもつ海。'Abafi' は彼の一八三六年の作品。
※ヴォルテール＝Voltaire 一六九四―一七七八年。フランスの代表的な啓蒙思想家。多岐にわたる文学作品、哲学書、歴史書を残した。

40 代のテスラ

電流パフォーマンス

第一〇章

哲学的・文明論的考察

◎人間の運命

人間の感覚に提示される無限に多様な自然現象のうち、人の生命運動ほど大いなる驚異はない。それは想像を絶するほど複雑で、その起源の神秘は永遠に解明しえない過去の霧に覆われている。その性格は無限の複雑さのせいで理解できず、その行く末は計り知れない未来の深淵のうちに隠されている。

人間はどこから来たのか。何であるのか。どこへ行くのか。これはあらゆる時代の賢人が答えようとしてきた大問題である。（一九〇〇年）

Nikola Tesla, *Problem of increasing human energy*, 1900.

◎個と全体

今日では、何百万人もの人間、ひいては無数の類型や性格が、一個の存在、一個の構成単位になっているのは疑いようがない。思考や行動は自由だが、人間は一体であり、天空の星のごとく不可分に結合されているのである。

こうした結びつきは目に見えないが、感じることはできる。指にけがをすると痛みを感じる。すなわち、この指は自分の一部なのである。友人が傷ついているのを見ると、自分も傷つく。すなわち、私は友人と一体なのである。

敵という一個の物質が打ち倒されたのを見ると、宇宙の全物質中の取るに足らない一個の物体であるにもかかわらず、悲しみの気持ちがわいてくる。これは一人一人が全体の一部にすぎないという証明ではないのか。この考えはずいぶん長い間、おそらく人の平和と調和を確保する手段であったばかりか、深い基礎の上に築かれた真理として、宗教上のこの上なく賢明な教えだとされてきた。仏教徒は仏教徒なりに、キリスト教徒はキリスト教徒なりに表現しているが、両者の主張は同じ。私たちはひとつなのだ。（一九〇〇年）

Nikola Tesla, *Problem of increasing human energy*, 1900.

◎宇宙生命

ケルビン卿はその深遠な考察において、人類に六〇〇〇万年かそこらの短い生しか認めなかった。その後、太陽のまばゆい光は輝きをやめ、生命の元である熱は衰え、わが地球は永遠の夜へと急ぎつつ、氷の塊へと変じるだろう。だが、消滅という表現はやめよう。その際でも、依然として生命のかすかな光は残り、どこか遠方の星で新しい生命の炎を燃え立たせる機会もあるはずだ。

このすてきな可能性を示したのが、液体空気に関するデュワー教授のすばらしい実験である。その実験結果は、有機生命体である細菌はいかなる寒冷下でも死滅しないことを明らかにした。

したがって細菌が星間宇宙を運ばれる可能性もあるかもしれない。（一九〇〇年）

Nikola Tesla, *Problem of increasing human energy*,1900.

【解説】

生命の起源に関する仮説のひとつに「パンスペルミア説」があります。一九〇三年に、スウェーデンのスヴァンテ・アレニウスが提唱したもので、生命は宇宙に広く多く存在し、地球生命は、他の天体で発生した微生物の芽胞が宇宙空間を飛来して、地球に到達したとする説です。「胚種広布説」とも邦訳されています。

近年のパンスペルミア説の有力な提唱者は、SF作家としても知られる天文学者フレッド・ホイルです。彼は二〇世紀後半に、生命は彗星で誕生し、それが地球に運ばれてきて進化したのだと主張しました。

パンスペルミア説は実験的に確かめられたものではなく、あくまでも仮説でしたが、それが一躍注目されたのは、二一世紀にはいってからでした。宇宙探査テクノロジーの進歩により、探査機による彗星のサンプルリターンが成功したからです。そのサンプルデータを解析した結果、有機化合物が確認されたことでホイル説の説得力が高まりました。

地球の細菌生物が宇宙空間を運ばれる可能性を論じたテスラの説は、パンスペルミア説の先駆けともいえます。テスラはこれについて、ジェイムズ・デュワー卿の実験に触発されたと述べています。デュワー卿は低温物理学の権威で、魔法瓶の発明者でもありますが、細菌が極低温下でも生き残れることを実験的に明らかにしたことでも知られています。

テスラはこの碩学に一八九二年のロンドン講演の折に出会い、親交を結んでいたので、その実験に注目して宇宙と生命の関係に想像力を広げたのでしょう。

ちなみに太陽の寿命が六〇〇〇万年というケルヴィン卿の説は、太陽エネルギーの発生メカニズムが不明だった時代の推測値です。現在では太陽エネルギーの源は核融合反応であり、その寿命も一〇〇億年を超えると考えられています。

◎宇宙は機械である

私にとって宇宙とは始めも終わりもない巨大な機械にすぎない。人類もこの自然界の秩序の例外ではない。人間も宇宙と同様に機械なのである。私たちの心に浮かぶものや行動を決定するものは、外部から感覚器官に作用する刺激への直接・間接的な反応以外には存在しない。人体の構造は類似しており、環境も同一なので、似た刺激に対しては同じく反応し、この反応の一致から理解が生まれるのである。

時を重ねるうちに、無限に複雑な仕組みが進化するが、人が魂とか霊魂とか呼んでいるものは身体機能の集合体にすぎない。機能が終われば、魂や霊魂もやはり終わるのだ。（一九三五年）

Nikola Tesla as told to George Sylvester Viereck, *A Machine toEnd War*, *Liberty*, February 1935.

【解説】

テスラの機械的宇宙論については、尊敬するフランスの哲学者デカルトと、同じフランスの人文思想家ジュリアン・オフレ・ラ・メトリーの機械論哲学の影響が大きいと考えられています。

機械論哲学とは自然や人間を機械に見立てて考察する思想的立場です。デカルトは宇宙を力学的法則に支配された機械と見なすと同時に、動物を機械に見立てる動物機械説を立てました。その際、人間は霊魂があるゆえ機械とは違うとして除外しました。

これに対し一八世紀半ばに『人間機械論』をあらわしたラ・メトリーは、人間もまた物理法則に支配される一個の機械にすぎないとしました。近代の自然観・人間観の根底にはこのような機械論が色濃く流れています。

そのうえでテスラの独自性は、思考や行動までを機械に含めたところにあります。

彼の機械論は二〇世紀の条件反射理論や行動心理学、あるいはサイバネティックス理論を連想させます。イワン・パブロフの条件反射理論はすべての行動を刺激に対する反射ととらえ、ジョン・ワトソンの行動心理学も心理や行動を刺激に対する反応で説明しました。ノバート・ウィナーのサイバネティックス理論も人間を環境との相互作用によって行動を決定する自動機械と見なしています。

テスラの機械論は幼少期の経験を通して、そうした現代の機械論を先取りしたものといえるでしょう。

◎万物は生きている

植物は、生きて感じ、戦い、苦楽を味わうということを自分では気づかなかったとしても、私たちはこの真実を知った。それどころか、無機物と呼ばれ、非生命と信じられている物質でさえ、刺激に反応し、生命原理が働いていることを示す紛れもない証拠があることを突き止めた。

かくして、存在するすべての物質が、有機・無機、生物・非生物の別なく、外部刺激に対する感受性をもつ。両者の間には差異も、連続性の破れも、特別な生命因子も存在しない。すべての物質が同一法則に支配され、宇宙全体が生きているのである。（一九一五年）

How Cosmic Forces Shape Our Desstinies (*"Did the War Cause the Italian Earthquake"*)
New York American, February 7, 1915.

◎結晶生命について

食物に科学的必然性はないように思える。栄養なしに生存し、生命機能の実行に必要な全エネルギーを周囲の媒質から引き出す有機生物は考えられなくはない。現にわれわれは結晶内に生命原理が働いている動かぬ証拠をつかんでいる。結晶生命が何かはわからずとも、なおそれは生命体なのである。（一九〇〇年）

Nikola Tesla, *Problem of increasing human energy*, 1900.

これが現実の考えか単なる詩的解釈かは依然として問題だが、まさに今日この日に、最も見識のある人々の多くが真珠は生きており、人体のぬくもりに触れるうちに光沢が増し、美しくなっていくと考えている。しかも、結晶は生物であるという科学者の意見がある。この見解は、ジャガディシュ・チャンドラ・ボース教授が一連の驚異的実験で、非生物も植物繊維や動物の細胞組織と同じく刺激に反応すると実証して以来、物理宇宙全般に敷衍して論じられている。（一九一五年）

The Wonder World to Be Created by Electricity by Nikola Tesla
Manufacturer's Record, September 9, 1915.

【解説】

有機・無機の別なく、「万物は生きている」――テスラが名を挙げている同時代のインドの科学者ジャガディッシュ・チャンドラ・ボースを思わせることばです。

ボースは物理学者で生物学者で、無線の先駆者のひとりでもあります。一八五八年、インドのベンガル（現在のバングラディシュ）に生まれたボースは物理学の研究者になり、一八九〇年代半ばには、マイクロ波を使った無線の先駆的研究をおこないました。ボースがすぐれていたのは、テスラなど他の研究者が長波の電波を想定していたのに対し、唯一、波長の極めて短いマイクロ波で実験したことでした。

一九〇〇年代になると、ボースは生物学の研究に転じました。彼がそのための武器として開発した実験装置が「クレスコグラフ」です。植物の反応や成長を一万倍に拡大して記録するこの画期的装置により、従来は不可能だった植物の根の先端の成長や運動、反応などを観察できるようになったのです。

彼の新装置は、顕微鏡が多くの生物学的発見を生んだように、数々の新発見をもたらしました。その成果を踏まえて、ボースは植物が動物と同様の神経を有し、歓喜、苦痛、平安などの感情を持つと主張したのです。同じ装置で鉱物の変化も記録したボースは、鉱物も動物や植物と同様に反応し、生きていると主張しました。

テスラが同時代に無線に挑んだボースの研究を認識し、クレスコグラフについても知っていたことは右記の発言からもわかります。

一九世紀までの自然哲学では、結晶は文字通り生きており、地中で植物のように成長すると考えられていました。実際、植物がきわめてゆっくりと成長、反応するように、結晶も数百万年、数千万年のスパンで見れば、岩石の形成・変成とともに変化、成長します。その意味では確かに生きているといえるかもしれません。

いずれにしても、両者はともに第一級の科学者である上に、生命や自然に対する鋭い感性を持つ点で似たところがあったようです。

◎科学と心霊現象

心霊現象を信じることは、知性が発展したことの自然な結果である。宗教的ドグマはもはや正統的な意味では信奉されていないが、人は誰しもある種の超越的な力があるものと信じて疑わない。行動を決定し、確実な意味を保証する理念を誰もがひとしく必要としているのだ。しかしそれは信条であれ、芸術であれ、科学であれ、およそ非物質的な力の働きによる以上実体はない。一つの共通認識が広まることが、人間の平和な暮らしには不可欠なのである。（一九一九年）

Nikola Tesla, *My Inventions, Electrical Experimenter*, 1919.

【解説】

テスラは、心霊現象を通じて死の謎の解明に長年取り組んできたと主張しました。しかし彼によれば、超自然的な出来事として多少とも印象に残ったのは一例しかありませんでした。

それは母親の死に際してのエピソードです。

その夜、テスラは母の死期が間近に迫った心痛と長期の不眠症で憔悴し、実家から少し離れた建物でひとり横たわっていました。そして、もし自分が枕元から離れている間に母親が死んだら、必ず合図を送ってよこすはずだと信じていました。その二、三ヵ月前、ロンドンで尊敬するウィリアム・クルックス卿と心霊主義について議論したことで、そうした思考に支配されていたのです。

心霊主義とは簡単に言えば、透視（千里眼）、テレパシー、物体移動、死者の霊との交信（交霊）、死者の霊の物質化などの心霊現象の存在を信じる思想的立場です。

現代人は自然現象を基本的に唯物論の立場で解釈していますから、死後の霊魂やテレパシーなどの超常現象を信じる者は少数派です。しかし現代でも、そうした信念を持つ者がいなくなったわけではありません。彼らはオカルティストとか神秘主義者とか呼ばれていますが、一九世紀末には心霊主義者と呼ばれていました。

当時、西欧世界では心霊ブームが興隆していました。きっかけは世紀半ばにニューヨーク州北部に住む幼い姉妹が経験した心霊現象でした。これが全米に広がり、さらにヨーロッパに飛び火してロンドン、パリなどで夜な夜な霊媒による交霊会が開催されるようになったのです。

多くの科学者はこうした現象に否定的でしたが、霊媒の特殊能力で説明できると信じて、科学的な研究対象にする科学者もいました。なかでも大物が放電管（クルックス管）の発明で有名なウィリアム・クルックス卿です。クルックス卿は、当時人気の美少女霊媒を被験者にさまざまな実験をおこない、その能力にお墨付きを与えました。

テスラは学生時代にクルックスの著作から多大な影響を受けていただけに、彼の心霊に関する意見も受け入れやすかったのでしょう。

テスラはベッドに横たわりながら、こう考えました。知性と直観力に恵まれた母は来世研究の必要条件をすべて満たしている。死に際してもきっとなにかの合図を送ってよこすはずだ……。

彼はその奇蹟に期待しながら待ちました。

◎ひとつの奇蹟

脳の神経繊維が夜通し期待で緊張していたが、朝方までなにも起こらなかった。その後、眠りに落ちたか、あるいは気絶したかして、雲がとても美しい天使のような女性たちを運ぶのを見た。そのひとりが愛おしげにこちらを見つめながら、じょじょに母の姿に変わり、ゆっくりと部屋を横ぎって消えた。それと同時に、えもいわれぬ甘い合唱の声によって目覚めさせられた。その瞬間、なんとも表現できないが、母が死んだという確信が訪れた。果たしてそれは事実だった。
（一九一九年）

Nikola Tesla, *My Inventions, Electrical Experimenter*, 1919.

【解説】

テスラはこの神秘的な現象を尊敬するクルックスに報告するとともに、現象の外的要因を探ろうとしました。それは若い頃からイメージの氾濫と闘ってきた彼の性癖でしたが、その結果、ひとつの解決にいたったのです。

出来事の全体イメージは、テスラが以前に見たある高名な画家の絵でした。その絵は天使の群れと一体化した雲によって、四季のひとつを寓話風に描いたものでした。天使の群れがほんとうに宙に浮かんでいるように見えたので、深く印象に刻まれていたのです。夢の中の天使たちは、母の顔以外はその絵にそっくりだったと気づいたのです。

音楽は近くの教会から聞こえてきた復活祭の早朝ミサのものでした。こうしてすべての出来事を、完全に事実に合致させて説明できたのでした。

一見神秘的な現象も、よく吟味すれば、納得のゆく説明がつく。この経験以降、自分は心霊的なものと断定できる現象に遭遇したことは一度もない。従ってそうした現象にはなんの根拠もない、とテスラは結論づけています。

◎超常現象をめぐるエピソード

不完全な観察は単なる無知の一種であり、多くの病的な意見や馬鹿げたアイデアの原因はここにある。テレパシーなどの超常現象、心霊主義、死者との交信を信じない人間、しかも自覚的、無自覚的な詐欺師の話に耳を貸さない人間は一〇人に一人もいない。（一九一九年）

Nikola Tesla, *My Inventions, Electrical Experimenter*, 1919.

【解説】

テスラは自伝のなかで超常現象を無知の一種と切り捨て、それに続けて、おもしろい逸話を挙げています。

世界システムが挫折し、新たな事業を模索していた一九一〇年代、テスラは現在ブレードレス・タービンと呼ばれている新型タービン（テスラタービン）を開発しました。これは通常の「蒸気タービン」の羽根車を、数枚から十数枚のディスク（円板）に変えたもので、テスラによれば高効率でメンテナンス性に優れ、農業、灌漑、鉱山、自動車など、動力を必要とするあらゆる産業を一変させるはずでした。

その性能に絶対の自信をもつ発明家は、いずれ自動車メーカーから引き合いが来ると確信していました。とりわけひそかに狙いをつけていたのが、日の出の勢いの自動車王ヘンリー・フォードでした。

するとある日、フォード自動車会社の技術者たちが研究所を訪ねてきました。重要な計画について話しがあるというので、テスラは喜んで面会し、タービンの性能について力説し始めました。すると、相手の広報官がさえぎって意外なことを言い出したのです。

「すべて承知しております。でも、私たちは特別な使命を受けてやってまいりました。超常現象探究のための心理学会を設立することになりましたので、ぜひご協力をたまわりたいのですが」

怒り心頭に発したテスラは、技術者たちを早々に追い返したといいます。

一九一〇年代、ヘンリー・フォードが親友エジソンの超能力研究のスポンサーとなったことはオカルトの世界では有名です。実験の被験者となった超能力者バート・リーズをエジソンに紹介したのもフォードでした。その延長で、超能力に理解があると思われたテスラの協力を求めたのでしょう。

しかしこれは大いなる誤解でした。テスラは前述のように根っからのデカルト主義者で、科学主義者でした。その研究姿勢は実験と観察に基づく実証主義で一貫していました。

たしかにアイデアの段階では、その奔放な想像力ゆえに「結晶も生命である」といった神秘主義者と混同されがちな主張もしました。ですが、実際には逆で、そうした主張の鋭い批判者だったことは、前記のエピソードからもわかります。

それにしても元来実務家肌のエジソンが超能力研究に熱心に取り組み、夢想家のイメージが強いテスラがそれに批判的だったというのはおもしろいですね。

◎科学技術の未来について

現在、人間は自分たちの文明の混乱によって傷つけられている。機械時代に完全に適応していないからだ。この問題の解決は機械の破壊ではなく、その習得にかかっている。（一九三五年）

Nikola Tesla as told to George Sylvester Viereck, *A Machine to End War, Liberty*, February 1935.

【解説】

科学技術勃興期の発明家として、テスラはその未来に明るい展望を託していました。戦争、資源枯渇などに対して鋭い警告を発し、非合理、非効率的な技術は容赦なく批判しましたが、科学技術そのものを否定したわけではありません。より優れた技術が登場し、正しい運用がおこなわれれば、やがて問題は乗り越えられる。一貫してそう信じていました。この点では楽観主義者だったといってよいでしょう。

テスラの科学技術観は、彼より一〇歳下のイギリスのSF作家H・G・ウェルズとの比較によっていっそう明確になるかもしれません。一八六六年生まれのウェルズは、教師を務めたあと、ジャーナリストから作家に転じ、『宇宙戦争』や『タイムマシン』などの作品で科学技術の延長上に訪れる未来社会を探究しました。その作品は架空世界を借りて、社会批判や文明批評を展開し、科学技術の暴走に警鐘を鳴らすものでした。そこには単純な否定ではなく、よりよい技術社会への希望がつねに主旋律として流れていました。

やがて社会主義に傾倒し、一九〇二年に社会主義団体のフェビアン協会に入会します。その後も文明批評的な作品や『世界文化史体系』などの啓蒙的を著作をあらわしながら、第一次世界大戦後の世界に平和への希望を託しました。しかし、国際連盟のあり方に失望し、人類と社会のゆく末について次第に悲観的になっていきます。科学技術に対しても人類を滅亡に導くとして極端な悲観論に傾いていきました。

科学技術に対するテスラの楽観論とウェルズの悲観論には、両者の資質のほかに、科学技術の勃興を身をもって体験した発明家と、作家、思想家として外部から見ていたものの経験の違いが反映しているのかもしれません。

無線操縦ボート

テスラタービン

第一一章

社会問題など

◎恐るべき未来の戦争

懲罰的な政治が講和の条件に適用されたことはまことに残念である。今後数年以内に、軍隊や艦船、銃器などよりはるかに恐ろしい兵器によって国家が破壊的戦闘をおこなうことが可能になり、その戦場は事実上無限だからである。

敵からどんなに離れた都市も破壊されうるし、それを止める力は地球上に存在しない。迫り来る惨事や地球を地獄に変える事態を避けたいなら、飛行機械とエネルギーの無線送信の開発を推進する必要がある。少しの遅滞もなく、しかも国家の全精力と全資源を用いて。（一九一九年）

Nikola Tesla, *My Inventions*, *Electrical Experimenter*, 1919.

◎世界平和の夢

それにしても世界平和の夢はいつの日かかなうのだろうか。そうなると期待しよう。科学の光によってすべての暗闇が消散し、全国家がひとつに統合され、愛国心が宗教と同一のものとなり、単一の言語、単一の国家、単一の目的ができれば、そのとき夢は現実になるだろう。（一九〇〇年）

Nikola Tesla, *Problem of increasing human energy*, 1900.

◎国家のエゴイズム

現在最も望まれているのは、地球上の人間と社会の親密なつながりや理解を深め、国家のエゴイズムや威信から生じる高邁な理想への狂信的愛着を断ち切ることである。そうした愛着は、世界をつねに原始時代の蛮行や闘争に陥らせてしまうからである。いかなる同盟や議会行動をもってしてもこのような惨事は防ぎえないだろう。それらは弱者を強者の思いどおりにする新手の仕掛けにすぎないのだから。（一九一九年）

Nikola Tesla, *My Inventions, Electrical Experimenter*, 1919.

◎美徳と欠点

現在のような状況が続く限り、なんらかの科学的、理念的な発展が戦争抑止につながるとも信じがたい。戦争それ自体が科学になってきた上に、戦争には人間がもちうる最も神聖な感情が多少ともかかわるからである。実際、高い節義のために戦う心構えのない人間が、役に立つとは思えない。

人間を作っているのは頭だけでも体だけでもない。頭と体、両方なのである。美徳と欠点は力と質量のようにたがいに切り離せない。切り離せば、人はもはや人ではなくなる。（一九〇〇年）

Nikola Tesla, *Problem of increasing human energy*, 1900.

今日、世界の最文明国は、その歳入を戦費に最大限費やし、教育には最低限しか使っていない。二一世紀にはこの順位は逆転する。無知との闘いが戦場での死より名誉となり、新しい科学的真理の発見が外交官のつまらない口論より重要になるだろう。（一九三五年）

Nikola Tesla as told to George Sylvester Viereck, *A Machine to End War*, *Liberty*, February 1935.

【解説】

テスラの戦争に関する発言は、現実の戦争が深く影を落としていました。ひとつは一九一四年七月に勃発し、一八年一一月に終結した第一次世界大戦です。欧州全体を戦雲でおおったこの戦争には航空機、タンク、毒ガスといった新技術や新兵器が続々投入され、戦場の様相は一変してしまいました。新しい戦争の時代、科学戦争の時代が始まったのです。

こうした軍事技術の開発には多くの科学者や発明家が関わりました。ドイツの大化学者フリッツ・ハーバーの毒ガス開発指導はよく知られていますが、アメリカでもエジソンが海軍顧問会議の議長顧問として参加しました。テスラもレーダーやテロートマティック技術の誘導ミサイルなどを提案しましたが、余りに革新的な内容だったため、非現実的だとして検討すらされずに終わりました。

戦争に関するテスラの発言は、新兵器開発にとどまらず、国際連盟の成立や恒久平和論にまで及びました。「懲罰的な政治が講和の条件に適用された」という批判は、敗戦国ドイツに対して厳しすぎた第一次世界大戦の戦後処理を指しているのでしょう。これに対するドイツ国民の屈辱感がナチス・ドイツの台頭を許し、第二次世界大戦の引き金にもなったとされています。

「その戦場は事実上無限だから……」——。このことばは予言的です。テスラの予言から二〇年後に開戦した第二次世界大戦では、戦場と銃後の境がなくなり、非戦闘員も多大な犠牲をしいられたからです。彼の祖国クロアチアもナチス・ドイツによる爆撃の脅威にさらされました。この危難を救うため、自分の防衛兵器の採用を提案したことはすでに見たとおりです。

テスラの生国クロアチアは「世界の火薬庫」バルカン半島の付け根に位置しています。それだけに平和への希求は人一倍強いものがありました。とはいえ、夢想家とレアリストの両面性を持つ発明家は、戦争抑止が簡単ではないこともよく理解していました。

テスラによれば真の世界平和は、国家のエゴイズムを超えて世界がひとつになることで初めて達成可能になるものです。第二次世界大戦後にアインシュタインらが提唱した世界連邦や地球政府の理想につながる考えです。

ただ、そのための方策が「無線エネルギーとテロートマティックスの完成を急ぐべき」という我田引水的な結論に行き着くのは、ご愛敬といえるでしょう。

◎女性の社会進出について

男女平等に向けた女性の苦闘は、女性優位という新たな性秩序によって終焉を迎えるだろう。皮相な現象だけで女性の進歩を先取りしている現代女性は、人類という種の内部でより深く、より強力に発酵しているものの表面的兆候にすぎない。男性のうわっつらな模倣ではなく、なにより自分たちの知性の目覚めによって、女性はまず平等を、ついで優位を主張するようになる。

歴史の始めから、幾世代にもわたって社会に隷属してきた結果、女性はおのずと部分的に退化してしまっている。少なくとも、女性が男性同様に恵まれているとされる知的資質が代々働いてこなかったことはたしかだ。しかし女性の知性が、男性に劣らず、あらゆる学識と業績を獲得しうる能力を備えていることは証明されているし、世代が下るほどその能力は高まっていくだろう。平均的女性は平均的男性と同程度に教育を受け、しまいには男性の教育水準を上回るようになる。女性の脳に眠っている能力が、何百年も休んでいたがゆえにいっそう活気づいた結果だ。

そのうち先例をものともせずに、女性がそのめざましい進歩によって文明を驚愕させる日が来るに違いない。（一九二六年）

When Woman Is Boss: An interview with Nikola Tesla by John B. Kennedy, *Colliers*, January 30, 1926.

【解説】

テスラのこの発言は雑誌『コリアーズ』一九二六年一月号のインタビューに答えたものです。女性の知的能力を高く評価するテスラの言は、この八年前に終結した第一次世界大戦と無縁ではなかったでしょう。

人類初の国家総力戦になったその戦争は、女性を看護師、医師として前線に送り込み、銃後でも男たちの労働を補う農業労働者や工場労働者として動員しました。それが女性の労働意欲を刺激し、社会参加を促すきっかけにもなったのでした。

戦後、女性はその社会貢献により、初めて政治参加を認められました。アメリカで女性参政権が成立したのは大戦終結のまさにその年でした。テスラの発言はこうした時代の流れに沿ったものだったといえるでしょう。

しかし彼は女性の社会進出を、労働力や政治参加という側面だけでは捉えていませんでした。むしろそれらを表面的現象として、女性本来の知性を積極的に評価しようとしました。機会さえ与えられれば、女性はその知性を十全に発揮して、男性と同等か、それ以上に活躍できると主張したのです。

テスラの女性に対するこうした見方には、女権運動家として有名なアン・モルガンの影響もあったかもしれませんが、それよりはテスラが生涯持ち続けた女性崇拝の表れだったと思われます。その根底には、テスラが賛美し続けた母デューカの知性に対する畏敬の念があったでしょう。

◎無知の罪

摩擦抵抗のなかでもとりわけ、人間の活動を遅らせるのは、ブッダが「世界の最大悪」と呼んだ無知である。無知から生じる摩擦は、知識を広め、人類の異質な要素を統一することでしか減らせない。やってみて損のない取り組みだろう。(一九〇〇年)

Nikola Tesla, *Problem of increasing human energy*, 1900.

【解説】

テスラは一九〇〇年に発表した論文「人類エネルギーの問題」のなかで、人類のエネルギー総量をあらわす公式について言及しました。

その基本は運動エネルギーの法則にありました。運動する質量のエネルギー(運動エネルギー)は一般に、速度の二乗と質量の積の二分の一で表されます。すなわち$K=1/2mv^2$です。

テスラはこの物理法則から推論して、人類のエネルギー総量は総人口に相当する質量Mの二分の一に、速度V(力fによって推進され、現在の科学では正確に測定しえない仮想速度)の二乗をかけることで表されるとしました。この速度は、質量を増進させる力によって加速され、反対方向に働く摩擦的で否定的な力Rによって減速されます。

ここから、人類のエネルギーを増大させる三つの方法が生まれます。一番目の方法は単純に質量M

の増大、すなわち人類の総人口の増加です。二番目は、速力を減ずる摩擦抵抗Rをより小さな力rに変えることです。三番目は、加速力fをより大きなFに変えることです。

彼は一、二番目の方法には限界があるが、三番目は無限に増大しうると考えました。そのうえで、さまざまな問題を三つの方法にあてはめて、批判的に分析していきました。

テスラが質量の増大要素として挙げたのは、健康への気配り、実質的な食事、節制、規則正しい生活習慣、結婚の奨励、子どもに対する誠実な気遣い、格言、宗教的戒律、健康法の遵守などです。

二番目の速力を減じる摩擦抵抗としては、戦争、無知、無計画、ギャンブル、仕事の多忙、興奮、狂信を挙げました。そして最大の抵抗として、ブッダが最も大きな悪と呼ぶ無知を挙げたのでした。

そして三番目の、最も効果の大きい加速力の増大法として挙げたのは、自然エネルギーの利用、オートマトン、飛行機械、無線送電などの発明、国家間の紛争の解決、平和の実現などでした。

「人類エネルギー」の理論は、発明によって人類に平和と繁栄をもたらしたいというテスラの発明哲学の理論化でした。彼は生涯を通じてその理想の実現に邁進したのでした。

◎宗教について

私は正式な信仰はもたないが、次の点で宗教を称賛する。第一に、人はおのおの人生に意味を与える宗教的、芸術的、科学的、人道的な理想を持つべきだからである。第二に、大宗教は

例外なく処世に関する賢明な処方箋を持ち、それは今なお布教時と同様に有効だからである。（一九三五年）

Nikola Tesla as told to George Sylvester Viereck, *A Machine to End War*, *Liberty*, February 1935.

今日、仏教とキリスト教は信者数においても、重要性においても、最も偉大な宗教である。私は両者の本質が二一世紀の人類宗教になると確信している。（一九三五年）

Nikola Tesla as told to George Sylvester Viereck, *A Machine to End War*, *Liberty*, February 1935.

◎科学と宗教

宗教の理想と科学の理想との間に矛盾はないが、科学は事実に基づいているため、神学の教義とは対立する。（一九三五年）

Nikola Tesla as told to George Sylvester Viereck, *A Machine to End War*, *Liberty*, February 1935.

【解説】テスラの生家はセルビア正教会の教会でしたが、前述のように彼自身は生粋のデカルト主義者で、観念論よりも唯物論や機械論を信奉していました。しかし、あくまで本質を探究しようとする思弁的性向と、奔放な想像力によって、ときには唯物的科学を超越することもありました。

近代科学を開いたアイザック・ニュートンは自然哲学の根幹を、「神の属性や神と自然界の関係を探究すること」と述べました。このことばから、科学の根本には本来、神のことや、神と自然の関係を知ろうという欲求があったことがわかります。とりわけ科学が制度化される以前の自然哲学にはその傾向が顕著でした。テスラが活躍した時代には、自然哲学の時代はすでに終わっていましたが、「宗教の理想と科学の理想との間に矛盾はない」ということばからは、彼が同様の関心を共有していたことがわかります。

一方で、テスラは仏教に対する関心も持ち続けました。これには三〇代後半に出会ったインドの宗教家スワーミー・ヴィヴェーカーナンダの影響が大きかったといわれています。

聖者ラーマクリシュナのもとで修業したヴィヴェーカーナンダは、一八九三年、シカゴ万国博覧会場で開催された第一回世界宗教会議にヒンドゥー教代表として出席し、講演しました。仏教、キリスト教、イスラム教、ヒンドゥー教にはそれぞれ真理があり、その全体が真理であるとする彼の普遍的な宗教観は大きな反響を呼びました。テスラもこの講演を聴き、その教えに強いインパクトを受けたと考えられています。

その後、ヴィヴェーカーナンダはアメリカからヨーロッパ各地で講演や講義をおこないました。テスラは一八九六年、大女優サラ・ベルナール（※）のパーティで彼と出会い、仏教、ヨーガ、神秘主義などの概念について話し合いました。この対話がテスラの物質観やエネルギー概念に少なからず影響を与えたと見られています。

※サラ・ベルナール＝一八四四―一九二三年。フランス生まれの女優。美貌と美声に恵まれ、熱気ある悲劇的演技で名声を博した。歴史上最初に世界的人気を博した女優としても知られている。サラとテスラの間には、パリのレストランでサラがテスラの前にハンカチを落として誘ったが、友人と議論をしていたテスラはそれに気づかず、ただハンカチを拾って返しただけだったというエピソードが残されている。

◎芸術家の役割

日々強さを増し、人間活動のそこかしこで、ますます目にする機会が多くなった実に有益な影響がある。芸術家の影響である。大多数の人々にとって、芸術家が物理学者、電気技師、技術者、機械技師、あるいは数学者や財界人などになろうとした時代は幸せだった。私たちが目にする驚異や栄光をもたらしたのは、芸術家だったからである。意欲のある学生をガレー船の奴隷にした衒学的で狭隘な学校教育を廃止したのも、好みや興味に従って研究テーマを自由に選ばせ、成長を促したのも彼ら芸術家だった。（一八九七年）

Nikola Tesla, *On Electricity, Electrical Review*, January 27, 1897.

◎人生は解答不能の方程式

人生は解答不能の方程式であり、今後ともそれは変わらない。しかし、そこにはある既知の要素が含まれている。たとえその性質を充分に理解していなくとも、それが運動であることは確実にいえる。運動には、移動させられる物体と、抵抗に抗する推進力がなくてはならない。人間は広い見地から見ると、力によって推進させられる質量である。それゆえ、機械分野の運動に関する一般法則は、人間にも適用できる。（一九三五年）

Nikola Tesla as told to George Sylvester Viereck, *A Machine to End War*, *Liberty*, February 1935.

◎無常

私たちは新しい興奮を渇望しながら、すぐに興味をなくしてしまう。昨日の驚異は、今日のありふれた出来事なのである。（一九一九年）

Nikola Tesla, *My Inventions*, *Electrical Experimenter*, 1919.

◎窮乏生活について

お金には人が認めてきたような価値はない。私は有り金をすべて実験に注ぎ込み、人類がもう少し楽に暮らせる発見をした。（一九二七年）

A Visit to Nikola Tesla, by Dragislav L. Petkovic, *Politika*, April 1927.

【解説】

テスラは交流システムの特許によって、若くして巨万の富をえました。ですが、晩年は事業の不調からつねに金銭問題を抱え、研究所の運営資金もままなりませんでした。

そんなある日のこと、彼は秘書の女性二人を呼んでこう切り出したそうです。

「すまないが今月は給料を支払えない。私にはもう一ドルのお金もないのだ。だからこれを給料の代わりにしてくれないか。売れば一〇〇ドルくらいにはなるだろう」

そういうと老発明家は金庫から取り出した一枚のメダルを差し出しました。それを見た秘書たちは「あっ！」と声を上げました。それは電気工学者協会から授与されたあのエジソン・メダルだったからです。

「いけません、テスラさん。そんな大切なものを」

「どうか、おしまいください。私たちは給料はいりませんから」

発明家の窮乏を知る二人の秘書はメダルを受け取る代わりに、自分の財布から少額の金を雇い主に与えたそうです。

長年住み慣れたウォルドーフ・アストリア・ホテルを部屋代の不払いで追い出され、その後もホテルを転々としたこと、税金の不払いで当局から訴えられたこと、経理担当のジョージ・シャーフからポケットマネーで相当の資金援助してもらったことなど、窮乏エピソードには事欠きません。ですが、それにへこたれず、最後まで発明家としてのプライドを持ち続けたことは、前記の発言からわかります。

◎禁欲と節制について

ウィスキー、ワイン、紅茶、コーヒー、タバコといった刺激物は、多くの生命を縮める原因となっているので、ほどほどを心がけるべきである。しかし、何世代にもわたって続いてきた習慣を抑える厳格な基準に従うべきではない。禁欲よりは節制を説くほうが賢明である。（一九〇〇年）

Nikola Tesla, *Problem of Increasing Human Energy*, 1900.

私自身はあらゆる刺激物を避けてきた。肉もほぼ控えている。（一九一九年）

Nikola Tesla, *My Inventions*, *Electrical Experimenter*, 1919.

嗜好品について言えば、現在の生存条件のもとで最善を尽くすためには刺激が必要だが、おしなべて節度を弁えて、食欲と性癖を抑えなければならない。これをずっと実行することによって、私は若さを保ってきたというわけだ。

必ずしも禁欲を好むわけではないが、目下実行している快適な体験からは充分恩恵を受けている。（一九一九年）

Nikola Tesla, *My Inventions, Electrical Experimenter*, 1919.

はるか昔、心臓病を患ってはじめて、その原因が毎朝飲む一杯のコーヒーにあったと気づいた。すぐさまコーヒーを断ったが、正直、これは生やさしいことではなかった。（一九一九年）

Nikola Tesla, *My Inventions, Electrical Experimenter*, 1919.

現在、わが国ではアルコール消費を防ぐための手荒な改革が実施されている。これは憲法違反とまではいえないものの、コーヒー、煙草、チューインガムなどの刺激物は年端のいかぬ者までが溺れるにまかせている。死亡者数から判断すると、国家にとってはるかに有害なことは明白だ。（一九一九年）

Nikola Tesla, *My Inventions, Electrical Experimenter*, 1919.

オートミールのような植物性食品は肉よりも経済的で、心身の機能において勝っているのは間違いない。さらにこうした食物は、消化器への負担が明らかに少ないばかりか、人を満ち足りた

気分にし、社交的にすることで、はかりしれない好結果をもたらすのである。（一九一九年）

Nikola Tesla, *My Inventions, Electrical Experimenter*, 1919.

【解説】

幼いころは病弱だったテスラですが、青年期から壮年期にかけてすっかり健康になり、病気知らずの身体になりました。その体力にまかせて、仕事中毒といえるほど発明に没頭、もともと少ない睡眠時間をさらに削ることも多くなりました。それでも日頃から健康と摂生には人一倍気を配っていました。肉食を避けて植物性食品の摂取に努め、タバコ、紅茶、コーヒーなど刺激の強い嗜好品も極力避けました。ただし酒だけは少々たしなみました。

自伝でも「少量のアルコールはすばらしい強壮剤となる」として、飲酒の効用を説いています。その一方で、大量の飲酒は害になるとして、節制と中庸の徳をすすめています。さらにアルコールで身を滅ぼすのは自業自得で、自然淘汰の一環だから、強制排除する必要はないとまで言い切っています。

晩年のマッドサイエンティスト的でエキセントリックなイメージから、思想的偏向を疑われがちなテスラですが、実際はその反対でした。取り沙汰されている偏った性癖や習慣は彼の病のなせる業で、思想的には菜食主義のような極論を嫌い、万事穏やかな中庸の徳を心がけていました。

テスラが批判している「アルコール消費を防止するための手荒な改革」とは、一九二〇年に制定された悪名高き「禁酒法」のことです。政府による強権的取締りに不快感を募らせた発明家は、自分は禁酒のために予定より早死にしてしまうと嘆いたものでした（テスラはかつて、長命の家系に生まれた自分は、一二〇歳まで生きると予言していました）。

◎公衆衛生の重要性

あらゆる場所に消煙装置、塵芥吸収装置、オゾン発生器、水、空気、食料、衣類の滅菌装置、街路、高架道路、地下鉄の事故防止装置が早急に設置されなければならない。これにより病原菌による感染や、街中での負傷がほとんどなくなるはずだ。そうすれば、田舎者が安心して町に出かけて休息し、英気を養えるだろう。（一九一五年）

The Wonder World To Be Created By Electricity, Manufacturer's Record, 1915.

衛生と保健体育は政府の教育省の一部門と認識されるようになる。西暦二〇三五年には、合衆国内閣における衛生長官や保健体育長官の役職は、軍事長官よりはるかに重要になっているだろう。（一九三五年）

Nikola Tesla as told to George Sylvester Viereck, *A Machine to End War, Liberty*, February 1935.

【解説】

テスラは生涯の大半を重い細菌恐怖症に悩まされていました。その恐怖から、レストランでの食事の際には必ず清潔なテーブルクロスと真新しいナプキンを用意させ、ナイフ、フォーク、皿などを一つずつ拭いたことはすでに見たとおりです。ひんぱんな手洗いも秘書や関係者から報告されています。

細菌恐怖症とは、周囲に微細な細菌が繁殖していると錯覚、その細菌が体内に入って病気を起こすことを極度に恐れる病です。その恐怖から清潔さに徹底的にこだわり、潔癖症を発する例も多いとされています。そのためもあってか、テスラは清潔な社会の実現に人一倍期待を寄せていました。

私たちは今日、衛生の概念や習慣を当たり前のように受け入れています。食事前の手洗い、清潔なトイレの保持、洗面所の設置、清浄な空気の確保などは常識となっていますが、こうした概念の成立はさほど古いことではありません。

このことは科学史でよく取り上げられる産褥熱の例を見ればわかります。

一九世紀まで、妊産婦が出産後に亡くなる例が多く見られましたが、当時は「産後の肥立ちが悪い」などと片づけられていました。これについて一つの仮説を立てたのがドイツの医師イグナーツ・ゼンメルワイスでした。彼は出産後の死亡は、腐敗した有機物が医師や助産婦の手から妊産婦の体に入るためではないかと考えたのです。そこで実証のため、医師や助産婦に塩化石灰水で手を洗わせてみました。その結果、感染率は一〇分の一に低下、これにより仮説が証明されたというものです。

視点を変えれば、一九世紀後半までは、医師の間にさえ衛生概念が深く根づいていなかったことになります。実際、そうした概念が医学関係者から政府や自治体にまで浸透し、具体的な政策として実現するのは二〇世紀にはいってからでした。

テスラの時代、多くの流行病や病気の原因が細菌にあることはすでに理解されていました。しかしその恐ろしい病原菌は肉眼では確認できません。排除するための衛生概念もまだ浸透していませんでした。まさに見えない恐怖です。それがテスラの鋭敏な神経を刺激した結果、前記のような強迫行為になり、公衆衛生に対する期待にもつながったのではないでしょうか。

もちろん、衛生概念が普及した現在でも、細菌恐怖症に悩む人は多いので、一概に社会的要因のみに帰するわけにはいかないでしょうが。

◎アメリカについて

この国の第一印象をなんと表現したらよいのだろう。かつて読んだ『千夜一夜物語』に語られていたのは、魔神がいかにして人々を夢の国に運び心躍る体験をしたかであった。私の場合はまったく逆だった。魔神は私を夢の国から現実の国に運んできたのである。残してきたのはすべての点で美しく、芸術的で、魅惑的だった。この国で見たのは、機械的で、荒々しく、魅力のない世界だった。（一九一九年）

Nikola Tesla, *My Inventions, Electrical Experimenter*, 1919.

「ここはアメリカか？」私は痛みのような驚きとともに自問した。「ヨーロッパより文明が百年遅れている」。それから五年後の一八八九年に渡欧した折に、ヨーロッパより百年以上進んでいると確信するようになり、今日までこの意見を翻すような出来事に出会ったことはない。（一九一九年）

Nikola Tesla, *My Inventions, Electrical Experimenter*, 1919.

彼らは知らないのだ。勲章、賞状、学位、ゴールドメダルなどの栄誉が古トランクにしまい込まれているのに対し、三〇年前に与えられたアメリカ市民権の証明書はつねに金庫に保管されていることを。（一九一九年）

Nikola Tesla, *My Inventions, Electrical Experimenter*, 1919.

【解説】

テスラは、初めのうちアメリカ生活にどうしてもなじめませんでした。ヨーロッパ生活が長く、その洗練されたマナーに馴染んでいた目からは、オープンで率直な彼らの行動様式や考え方が、どうにも粗野なものに映ったのです。いわば彼は旧大陸と新大陸の「文化の衝突」を体験したわけです。しかし新生活にも慣れ、友人も増えるにつれて、しだいに意見が変わっていきました。最初は嫌っていた特質が、逆に好ましく思えるようになったのです。

テスラがなにより気に入ったのは、アメリカ人の進取の気性でした。エジソンやウェスティングハウスに代表されるその気性は、夢を抱えて新大陸に渡った若き発明家にも共有されていました。そしてなんといってもアメリカは、自分の発明を最初に認めてくれた国でした。心底アメリカを愛するようになったテスラは、一八九一年、待望の市民権を獲得したときには、いかなる栄誉にもまさる喜びだと語ったものでした。

◎愛しのパリ

その魔法の都がかもし出す深い印象は忘れがたい。到着後数日間は、新奇な風景に頭を混乱させながら街を徘徊した。街には抗いがたい魅惑が溢れ、ああ、なんということか、給料はまるで羽が生えたように消えていった。

新天地でうまくやっているか。プシュカーシュ氏に問われた私は、その状況を的確に説明した。

「月の残りの二九日が一番つらいんですよ」（一九一九年）

Nikola Tesla, *My Inventions, Electrical Experimenter*, 1919.

【解説】

一八七九年、テスラはブダペストからパリに移って、パリ・エジソン社に入社しました。活気溢れる花の都での生活は、楽しく希望に満ちたものでした。天候にかかわりなく毎朝、アパートのある聖マルセル街道からセーヌ川の水浴小屋まで歩いていきました。それから川で周回コースを二七周泳ぎました。その後一時間歩いて、七時半頃に工場のあるイヴリーに到着。軽い食事をとってから仕事に着手し、エジソンの腹心であるチャールズ・バチェラー社長が抱える技術的難題の解決に取り組みました。

まもなくテスラは趣味のビリヤードを通じて数人のアメリカ人と知り合いました。テスラが交流モーターの発明を説明すると、彼らのひとりが投資会社の設立話を持ちかけてきました。会社経営、とくにアメリカ式の経営スタイルに疎かったテスラは、申し出の意味が理解できず、話に乗りませんでした。しかしその後、渡米して自分の会社を持ち、はじめて彼の言った意味が理解できたのでした。

この歳月を通じて、パリは彼の贔屓の都市になりました。一八八九年にはパリ万国博覧会で再訪し、一八九二年のヨーロッパ講演の折にも再々訪しました。なかでも建設されたばかりのエッフェル塔はお気に入りで、コロラドスプリングスの実験では、記者の質問に答えてパイクスピークからエッフェル塔に電波を送ると宣言し、世界システムの実験施設ではアンテナ塔のモデルにもしました。

◎奮闘努力の日々

このようにして、私は自分自身を逆境への抵抗の証しとするため、心の平安を乱されることなく、人生の暗部や試練、苦難からさえなにがしかの満足や幸福をえようと努めています。私にははかりしれない名声と富があります。にもかかわらず、私が非現実的な失敗者であると主張した論文がどれほど書かれたことか。どれほど多くの著者が私を夢想家と呼ぼうと悪あがきをしたことか。そのようなことはまったく愚かで、近視眼的なことです。（一九一七年）

Presentation of the Edison Medal to Nikola Teslaminutes of the Annual Meeting of the American Isititute of Electrical Engineers, Held at the Engineering Societies Building,

New York City, Friday Evening, May 18, 1917.

【解説】

一九一七年、ひとつの賞がテスラに贈られることになりました。一九〇九年に設立されたその賞の名は「エジソン・メダル」。アメリカ電気工学界最高の栄誉であるとはいえ、ライバルの名が冠せられた皮肉な受賞ではありました。

受賞に尽力したのは、かねがねこの大発明家には業績に見合う栄誉が必要と考えていた電気工学者協会の副会長B・A・ベーレンドです。ベーレンドがテスラのオフィスを訪ねて受賞の報告すると、はじめテスラはやんわりと断りました。自分の交流の発明は三〇年以上前のものだし、今ならほかにふさわしい受賞者がいるという理由でした。

続けて、発明家は自分に対する日頃の協会の扱いに不満を述べ始めました。すると積もり積もった感情が噴き出したのか、激しいことばでこう結びました。

「あなたがむなしい受賞劇を演ずるつもりでしたら……このテスラではなく、すべての受賞者から不当に分け前を奪ったエジソンをこそ表彰すべきでしょう」

しかし、ベーレンドは粘り強い説得を続け、ついにテスラの承諾をえるのに成功しました。受賞式のスピーチでは、エジソンを「すべてを自力でなしとげ、その発明と応用によって偉大な結果を手にした」素晴らしい人間であると賞賛し、日頃の発明観や人生観などを披瀝しました。そして発明家の矜持を示す前記のことばでしめくくったのです。

◎陰鬱な見解

私たちは作るけれど破壊する。人類の労力や才能の大半は浪費されている。前進あるところに破壊あり。いたるところに、時間、努力、人生の恐るべき無駄が横行している。陰鬱な見解だが、真実だ。（一九一〇年）

What Science May Achieve This Year, Denver Rocky Mountain News, January 16, 1910.

◎未来 1

私の洞察が、これまで証明されてきたのと同様に正確かどうかは未来が明らかにするだろう。（一九一九年）

Nikola Tesla, *Famous Scientific Illusions*, *Electrical Experimenter*, 1919.

◎未来 2

未来に真実を語らせ、各人の努力と業績によって評価させせよう。現在は彼らのものだが、私が心血を注いだ未来は私のものだ。（一九二七年）

Dragislav L. Petkovic, *A Visit to Nikola Tesla*, *Politika*, April 1927.

ニコラ・テスラ年表

年	人名と事項
一八五六年七月九日	クロアチア共和国（現・ユーゴスラヴィア）のスミリャンに生まれる。
一八六一年（五歳）	**最初の発明**。
一八六二年（六歳）	小学校入学。
一八六三年（七歳）	長兄ダーネ、事故で死亡。 家族とともにゴスピチに引っ越す。
一八六六年（一〇歳）	小学校卒業。リアル・ギムナジウム入学。
一八七〇年（一四歳）	リアル・ギムナジウム卒業。高等リアル・ギムナジウム入学。
一八七三年（一七歳）	高等リアル・ギムナジウム卒業。 帰郷と同時にコレラにかかり、生死の境をさまよう。
一八七四年（一八歳）	コレラから回復後、一年間にわたって放浪生活を送る。
一八七五年（一九歳）	グラーツの工科大学入学。
一八七六年（二〇歳）	グラム・モーターの実演を見て、**交流モーターを構想する**。 奨学金制度が廃止され、工科大学を退学。

リアル・ギムナジウム

テスラの生家

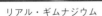

一八七七年（二一歳）　**交流モーターに本格的に取り組み始める。**

一八七八年（二二歳）　プラハ大学の夏季講座に出席。

一八七九年（二三歳）　父ミルティン死去。

一八八一年（二五歳）　ブタペストの電信局に勤め、その後電話局に勤める。
極度の神経衰弱にかかる。

一八八二年（二六歳）　散歩中に回転磁界の原理を発見し、**交流誘導モーターを発明。**
パリのコンチネンタル・エジソン社に入社。

一八八三年（二七歳）　**交流モーターの製作に最初に成功。**

一八八四年（二八歳）　**渡米し、エジソンの下で働くようになる。**

一八八五年（二九歳）　退社し、アーク燈製造会社を設立。

一八八六年（三〇歳）　会社が倒産し、日雇い労働者として働く。
支援者を得て**「テスラ電気会社」を設立。**

一八八七年（三一歳）　ニューヨーク南五番街に研究所を開設。

一八八八年（三二歳）　交流に関する特許を出願。
電気技術者協会で多相交流システムに関する講演。
ウェスティングハウスに交流の特許を売却。
ウェスティングハウス社の技術コンサルタントになる。

22歳のテスラ

父ミルティン

一八八九年（三三歳）	ヘルツ、電磁波の検証実験に成功。 技術コンサルタントを辞する。 **高周波の研究開始。** ニューヨークで**最初の電気椅子処刑（交流を使用）執行。**
一八九一年（三五歳）	**高周波発電機、高周波共振変圧器（テスラコイル）の特許を出願。** 同調回路に関する特許を出願。 アメリカ電気工学者協会で高周波交流に関する講演。 アメリカの市民権を得る。
一八九二年（三六歳）	ロンドン、パリで高周波現象に関する講演。 母デューカ亡くなる。
一八九三年（三七歳）	フランクリン協会、国際電燈協会で、ラジオ放送について講演。 シカゴ万国博覧会開催。 ナイアガラ発電所に多相交流システムの採用が決定。
一八九五年（三九歳）	南5番街の研究所焼失。東ヒューストン街に研究所を再建。

ジョージ・
ウェスティングハウス

ナイアガラ発電所イラスト

一八九六年（四〇歳）
ナイアガラ瀑布発電所完成。電力供給開始。
レントゲン、X線の発見を発表。（独）
X線に関する研究を発表。

一八九七年（四一歳）
火星との交信に関する最初の発表。
無線システムの基本特許出願。

一八九八年（四二歳）
ソーラー・エンジンの発明を発表。
振動子を用いた実験でニューヨーク市内に人工地震を発生。
テロートマトンに関する基本特許を出願。
マジソン・スクエア・ガーデンで無線操縦ボートの公開実験。

一八九九年（四三歳）
コロラドスプリングスでの実験開始。
地球が充電体であることを確認。
地球の定常波を発見。

一九〇〇年（四四歳）
コロラドスプリングスでの実験を終了。
論文「人類エネルギーの問題」発表。
ロングアイランドに世界システムの実験施設の建設開始。

一九〇一年（四五歳）
マルコーニ、大西洋横断無線通信に成功。

コロラドスプリングス研究施設全景
(1899 年頃)

一九〇二年（四六歳）
ロングアイランドの無線送電塔完成。

一九〇三年（四七歳）
モルガンからの支援を最終的に断念。
ライト兄弟、人類初の動力飛行機に成功。

一九〇五年（四九歳）
ロングアイランドの研究所を閉鎖。
アルベルト・アインシュタイン、「特殊相対性理論」発表。

一九〇六年（五〇歳）
レジナルド・フェッセンデンが最初のラジオ放送。
ド・フォレスト、三極真空管の発明。

一九〇九年（五三歳）
ブレードレス蒸気タービン（テスラタービン）の特許出願。

一九一三年（五七歳）
J・P・モルガン、死去。

一九一四年（五八歳）
第一次世界大戦勃発。
ウェスティングハウス死去。

一九一五年（五九歳）
マルコーニを特許侵害で告訴。
エジソンとともにノーベル賞を受賞との報道。
無線誘導ミサイルの構想を発表。

一九一七年（六二歳）
エジソン・メダルを受賞。
ロングアイランドの無線送電塔、爆破。

破壊された世界放送塔

J・P・モルガン

一九一九年（六三歳）　アインシュタイン、「一般相対性理論」発表。

一九二〇年（六四歳）　自伝『わが発明』を発表。ウェスティングハウス社が、世界最初のラジオ放送局開設。

一九二四年（六八歳）　殺人光線の報道に対し、コロラドスプリングスの新聞がテスラのアイデアを紹介。

一九二八年（七二歳）　垂直離着陸機の特許出願。

一九三一年（七五歳）　エジソン没。

一九三三年（七七歳）　殺人光線に関する研究を言明。

一九三六年（八〇歳）　タクシーにはねられ重傷を負う。

一九三七年（八一歳）　ノーベル物理学賞の候補に。

一九四二年（八六歳）　亡命中のペーテル二世の訪問を受ける。

一九四三年　**ニューヨークで死去。（八六歳）**

一九四四年　ジョン・J・オニールによる初の伝記刊行。

一九四五年　原子爆弾完成。

一九五二年　ベオグラードにテスラ博物館設立。

一九五六年　磁束密度の国際単位に「テスラ」の採用決定。

最晩年のテスラ（80代）

テスラのデスマスク

一九五七年	ソニーのトランジスタラジオ発売。
一九七五年	IEEEニコラ・テスラ賞制定。 **「発明家の殿堂」入りを果たす。**
一九七六年	ナイアガラ瀑布にテスラの銅像設置。
一九八〇年	**伝記映画「ニコラ・テスラの秘密」製作。**
一九八一年	マーガレット・チェニーによる決定版伝記の刊行。
一九八三年	レーガン大統領、SDI構想を発表。
一九八六年	**テスラの生家、博物館としてオープン。**
一九九四年	この頃、携帯電話普及
一九九五年	オウム真理教の信徒、テスラ博物館で未公開資料の閲覧を求める。
二〇一〇年	この頃、スマートフォン普及 ワイヤレス給電実用化進む。

二相交流モーター(テスラ博物館)

テスラ博物館前景

テスラの研究所内部

あとがき

ニコラ・テスラの業績と人物を彼自身のことばで紹介する――。これは著者の長年の夢だったが、このほどついに念願を果たすことができた。テスラに興味を持って三〇年、今はひとつの大きな宿題を果たしたような安堵感に満たされている。

これもひとえに本書の版元である小鳥遊書房の高梨治さんのご協力のおかげと感謝している。

本書の原典は、一九一九年に雑誌『エレクトリカル・エクスペリメンター』に連載されたテスラ唯一の自伝『わが発明』、一九〇〇年に雑誌『センチュリー』に掲載された論文「人類エネルギー増大の問題」のほか、学会等の講演原稿、特許出願書類、新聞、雑誌に寄稿した論文やエッセイ、インタビュー記事などである。

このうち『わが発明』は、著者の翻訳で二〇〇三年に『テスラ自伝』(テスラ研究所刊)として自費出版したことがある。今回の再録にあたって、改めて訳文を見直し、不充分な点については大幅な修正をほどこした。また、これまで著者が刊行したテスラ関連本の引用などについてもかなり手直しをして収録した。

ことばの選定に際しては、技術的な細部は避け、人間テスラの発明観、人生観、社会思想、科学思想などを中心にした。その結果、あらためてテスラという発明家の豊かな想像力と創造力を実感させられた。

その余りのスケールゆえ、彼の発明人生は資金難、ライバルによる反対キャンペーン、マスコミによる誹謗など、さまざまな逆風に遭遇したが、最後まで信念が揺らぐことはなかった。その一途な生き方は、今や世界中の共感と尊敬を呼びつつある。

本書の刊行が、その共感の輪をさらに広げる一助となればと願っている。

二〇一九年二月

新戸雅章

増補新版あとがき

波乱に富んだ二コラ・テスラの発明人生を、彼自身のことばで語らせたいというのが本書刊行の思いでした。初の試みであり、不安もありましたが、幸い好評をいただいて順調に部数を伸ばすことができました。そして、このほど増補新版刊行の運びとなりました。これもひとえに読者の応援の賜物と深く感謝しております。

新版では、新たなことばをいくつか加え、訳文にも修正を施しました。解説も徹底的に見直し、巻末に索引も付けました。さらに写真点数を増やし、大きくするなどレイアウトも変えてあります。

今回の校正で、あらためてテスラの洞察力と透徹した知性を感じることができました。読み返すたびに新たな発見があり、感動があります。

この機会に多くの方にお手に取っていただき、人間テスラの魅力を感じていただければさいわいです。

二〇二四年二月

新戸雅章

40 代のテスラ（テスラコイルの前にて）

参考資料一覧

◉参考文献

新戸雅章『発明超人ニコラ・テスラ』（筑摩書房、一九九八年）
新戸雅章『知られざる天才ニコラ・テスラ』（平凡社新書、二〇一五年）
チェニー、マーガレット『テスラ――発明王エジソンを超えた偉才』鈴木豊雄訳（工作舎、一九九七年）
テスラ、ニコラ『テスラ自伝』新戸雅章訳（テスラ研究所、二〇〇三年）
Anderson, Leland I., ed., *Nikola Tesla on His Work with Alternate Currents and Their Application to Wireless Telagraphy, Telaphony, and Transmission of Power*, Sun Publishing, 1992.
Cheney, Margaret, *Tesla: Master of Lightning*, MIT Press, 1999.
Martin,Thomas C., *The Inventions, Researchs and Writings of Nikola Tesla*, Angriff Press, 1986.
Martin, Thomas C., *Nikola Tesla: His Inventions, Reseaches and Writings*, Angriff Press, 1981.
O'Neill, John J., *Prodigal Genius: The Life of Nikola Tesla*, Angriff Press, 1986.
Pablovic, Zivota, ed., *Tribute to Nikola Tesla*, Nikola Tesla Museum, 1961.
Popovic, Vojin, ed., *Nikola Tesla 1856-1943*, Nikola Tesla Museum, 1956.
Ratzlaff, J. T. ed., Dr. *Nikola Tesla: Complete Patents*, Tesla Book Company. 1983.
Ratzlaff, J. T. ed., *Tesla Said*, Tesla Book Company. 1984.
Seifer, Mark J., *Wizard: The Life and Times of Nikola Tesla*, A Citadel Press Book, 1998.

Tesla, Nikola, *Colorado Springs Note 1899-1900*, Nolit, 1978.
Tesla, Nikola, *My Inventions*, Hart Brothers, 1982.
Tesla, Nikola, *Experimets with Alternate Currents of High Potential and High Frequency*, Angriff press, 1986.
Tesla, Nikola, *The Problem of increasing of Human Energy*, High Energy Enterprise, 1990.

●参考URL

Nikola Tesla Articles
<https://teslauniverse.com/nikola-tesla/articles>（アクセス日：2019/12/11）
The Tesla Collection
<http://teslacollection.com/>（アクセス日：2019/12/11）

●資料協力

国立テスラ博物館（ベオグラード）
テスラ研究所（日本）

●図版協力

国立テスラ博物館（ベオグラード）
テスラ研究所（日本）

【ワ行】

【マ行】

【ラ行】

【ナ行】

【ハ行】

【サ行】

【タ行】

人名索引

※人名を五十音順に示した。
「テスラ、ニコラ」はほぼどの頁にも頻出するため頁数を省略。

【ア行】

【カ行】

【編著者】

新戸雅章

（しんど　まさあき）

1948 年、神奈川県生まれ。横浜市立大学文理学部卒。
テスラ研究所所長、テスラ記念協会会員。
ニコラ・テスラ、チャールズ・バベッジなど、知られざる天才の発掘に情熱を注ぐとともに、その発想を現代にいかす道を探る著作活動を続けている。

主著
『発明超人ニコラ・テスラ』
（ちくま文庫、1997）、
『ニコラ・テスラ未来伝説』
（マガジンハウス、1995）、
『逆立ちしたフランケンシュタイン―― 科学仕掛けの神秘主義』
（筑摩書房、2000）、
『知られざる天才 ニコラ・テスラ――エジソンが恐れた発明家』
（平凡社新書、2015）、
『江戸の科学者――西洋に挑んだ異才列伝 』
（平凡社新書、2018）、
『平賀源内――「非常の人」の生涯』
（平凡社新書、2020）
他多数。

増《ぞう》補《ほ》新版《しんぱん》

天才《てんさい》ニコラ・テスラのことば

世界《せかい》を変《か》えた発明家《はつめいか》の真実《しんじつ》

2024 年 4 月 5 日　第 1 刷発行

【編著者】
新戸雅章

発行者 : 高梨 治
発行所：株式会社小鳥遊《たかなし》書房
〒 102-0071　東京都千代田区富士見 1-7-6-5F
電話 03 (6265) 4910（代表）／ FAX　03 (6265) 4902
https://www.tkns-shobou.co.jp
info@tkns-shobou.co.jp

装幀　宮原雄太（ミヤハラデザイン）
印刷　モリモト印刷株式会社
製本　株式会社村上製本所

ISBN978-4-86780-045-4　C0023